本专著受中央高校基本科研业务费专项资金资助（Supported by the Fundamental Research Funds for the Central Universities）

学术文库

上市公司现金分红、股价信息含量和企业投资效率作用机制研究

RESEARCH ON THE MECHANISM IN BETWEEN CASH DIVIDEND, INFORMATIVENESS OF STOCK PRICE AND INVESTMENT EFFICIENCY OF LISTED COMPANIES

黄志华 著

西南财经大学出版社
中国·成都

图书在版编目(CIP)数据

上市公司现金分红、股价信息含量和企业投资效率作用机制研究/黄志华著.—成都:西南财经大学出版社,2018.8
ISBN 978-7-5504-3573-5

Ⅰ.①上… Ⅱ.①黄… Ⅲ.①上市公司—分配(经济)—研究—中国②上市公司—股票价格—研究—中国③企业—投资效率—研究—中国 Ⅳ.①F279.246②F279.23

中国版本图书馆 CIP 数据核字(2018)第 147641 号

上市公司现金分红、股价信息含量和企业投资效率作用机制研究

Shangshi Gongsi Xianjin Fenhong Gujia Xinxi Hanliang he Qiye Touzi Xiaolü Zuoyong Jizhi Yanjiu

黄志华 著

责任编辑:王正好
助理编辑:廖庆
封面设计:张姗姗
责任印制:朱曼丽

出版发行	西南财经大学出版社(四川省成都市光华村街 55 号)
网　　址	http://www.bookcj.com
电子邮件	bookcj@foxmail.com
邮政编码	610074
电　　话	028-87353785　87352368
照　　排	四川胜翔数码印务设计有限公司
印　　刷	四川新财印务有限公司
成品尺寸	170mm×240mm
印　　张	8.25
字　　数	149 千字
版　　次	2018 年 8 月第 1 版
印　　次	2018 年 8 月第 1 次印刷
书　　号	ISBN 978-7-5504-3573-5
定　　价	58.00 元

内容摘要

在企业管理中，企业对未来的投资决策至关重要，这不仅对单一企业本身十分重要，从大的方面讲，对于整个国家也很重要。如果很多企业对未来的投资决策失误，形成投资过度或投资不足，或者投资行业结构不合理，就会造成整个国家经济结构失衡，投资效率低下，影响整个国家的经济发展水平。而影响投资效率的因素很多。本书认为，从上市公司角度看，如果上市公司能够提高现金分红比例，将提高股价信息含量，进而提高企业投资效率。中国股票市场自20世纪90年代初建成以来，目前已有近3 000家上市公司。从交易量等维度看，中国股市已成为全球最重要的资本市场之一。然而，与欧美等发达地区的股票市场相比，中国股票市场还处于比较低的发展阶段，这不仅仅是交易品种等方面的原因，更重要的是，整个市场的完善和发达程度还有很大的差距，市场参与者的心理和知识等方面还有较大差距。因此，股票投资者和上市公司之间还没形成良性互动，股票市场经常出现大起大落、暴涨暴跌的不成熟非理性情况。这使得股票市场稳定性差，投资风险过高，进而影响股市的资本配置功能。这与我国发展资本市场的初衷相违背。如何改善和提高股票市场的资本配置效率成为资本市场发展过程中亟待解决的问题。

本书以我国沪深A股市场的上市公司为例，来分析如何通过加强企业管理，提高现金分红比率，进而影响股价信息含量，促进企业自身投资效率改善。如果这种机制确实存在，则企业可以通过这种途径，强化内部管理，提高现金分红比率，重视研究利用股价中包含的信息，为自身的投资决策做参考，从而提高投资效率，促进企业自身良性和可持续发展。

本书着重从现金分红、股价信息含量和公司投资效率之间的关系入手，详细分析了现金分红和股价信息含量之间的关系和作用机制，股价信息含量和公司投资效率之间的关系和作用机制，以及现金分红通过股价信息含量进而作用于公司投资效率的作用机制，得出了通过鼓励和提高上市公司现金分红比例，从而让中国股票市场中的股价信息含量增加，进而提高公司投资效率的结论。

在具体的分析中，本书运用实证分析的方法，通过构建计量经济模型，探寻各变量之间的作用机制。本书选取了沪深两市A股上市公司2004—2015年公司层面的面板数据进行分析，主要包括材料、电信服务、工业、公用事业、金融、可选消费、能源、日常消费、信息技术和医疗保健等几个行业。

从现金分红与股价信息含量之间的关系理论分析看，两者之间应该存在相关关系。首先，实证分析结论表明，上市公司现金分红对于股价信息含量确实存在正向的影响。其次，通过对股市投机这一作用机制进行分析，结果表明，现金分红能够弱化股市的投机行为，进而提升股票价格的信息含量，这也是完全符合本书的理论逻辑的。因为上市公司的现金分红越高，股市投资者对股票进行投机性买卖的机会成本越高，因而对于投机行为具有抑制作用。而股市投机行为的弱化，会使得股票市场由交易市场向价值发现市场转变，股市投资者进行股票投资时会更加关注公司的未来盈利能力等信息，进而将这些私有信息反映到股票价格中。

本书从理论和实证两个维度，分析了股价信息含量对企业投资效率，以及企业投资过度和企业投资不足的影响。理论分析结果认为，股价信息含量作为股票投资者所掌握的公司层面信息在股价中的反映，可以作为公司管理者进行投资决策时的重要参考信息，因而会对企业的投资效率产生一定的影响。从实证分析结果来看，股价信息含量对于企业投资效率的提升确实具有一定的促进作用，但是这种促进作用相对微弱。在考虑了测量误差、解释变量的内生性和样本选择对估计结果可能产生的影响以后，一系列的稳健性检验结果仍表明本书的计量结果具有一定的可靠性。本书认为股价信息含量对于企业投资效率的影响不够显著这一结论是具有一定合理性的，比如股价信息含量是不是上市公司所需要而又没掌握的信息等因素都可能会弱化股价信息含量对企业投资效率的影响大小。

为验证现金分红通过股价信息含量进而作用于企业投资效率这一机制，本书基于中介效应模型，构建了检验“股价信息含量”是不是“现金分红”影响“企业投资效率”的作用机制的计量模型，再运用上市公司面板数据对其进行回归分析。实证研究发现，股价信息含量确实是现金分红影响企业投资效率的一个中间变量，而且除了股价信息含量之外，现金分红还可能会通过其他途径对企业的投资效率产生影响。虽然从总体来看，现金分红对于企业投资效率的影响并不是特别显著，但是这并不意味着现金分红对于企业投资效率产生影响这一作用机制就不重要。因为对于不同的企业而言，现金分红对于企业投资效率的影响可能也是存在差异的，加强现金分红对于一部分企业的投资效率提升可能是具有显著的促进作用的。

鉴于现金分红对于企业投资效率的影响不是特别显著的情况，本书分析可能存在门槛特征。因此，第七章专门就现金分红影响投资效率的门槛特征进行了实证检验。检验结果表明，确实存在门槛特征。现金分红比率越低，对投资效率的影响越小；反之，则越大。因此，理论和实证分析验证了本书提出的推理逻辑，即现金分红能够通过股价信息含量影响作用于企业投资效率。

根据分析结论，本书提出了相应的政策建议：企业要意识到现金分红与提高投资效率之间的作用机制，有意识地通过加强内部管理，提高现金分红比例，增强股价信息含量，研究和利用好股价信息含量，努力提高信息的正向反馈，从而做出高效的投资决策。在企业增强自身意识以外，外部监管力度的强化、投资者教育等也非常重要。通过这些方式，上市公司现金分红比例将会得到提高，股市投机被弱化，股价信息含量提升，企业投资决策更加有效，投资效率提高，有利于促进我国经济健康、稳定发展。

目　录

1 绪论

1.1 研究背景及意义

在企业管理中，企业对未来的投资决策至关重要，这不仅对单一企业本身十分重要，从大的方面讲，对于整个国家也很重要。如果很多企业对未来的投资决策失误，形成投资过度或投资不足，或者投资行业结构不合理，就会造成整个国家经济结构失衡，投资效率低下，影响整个国家的经济发展水平。而影响投资效率的因素很多。本书认为，从上市公司角度看，如果上市公司能够提高现金分红比例，将提高股价信息含量，进而提高企业投资效率。20 世纪 90 年代初，上海和深圳分别成立证券交易所，虽然至今只有 20 多年的历史，但是它们却已成为企业融资的重要渠道。与大型国有银行部门和不断增加的影子银行部门相比，在融资方面，中国的股市已经发挥着独特的、必要的，而且可能更重要的作用。图 1.1 显示了 20 多年来中国股市的股票数量变化，由图可知，中国股市的股票数量已经从 1992 年的 53 只上升到 2012 年的 2 538 只。从 A 股股票市值和国内生产总值的比率来看，2014 年中国的证券化率达到了 58.3%。截至 2013 年，中国已经拥有按交易额计算的第二大股市和按市值计算的第三大股市（2013 年市值 3.7 万亿美元，仅次于美国和日本）。毫无疑问，随着“沪港通”等资本市场开放政策的实施，股票市场作为一种融资制度安排，其融资功能将会得到进一步的凸显。因此，股票市场能否实现资本的有效配置则可能会成为影响未来中国经济增长的重要因素。

从理论上讲，相对于金融系统的其他部分，股市可以通过加强刺激信息产生和汇总更广泛市场参与者的信息来提高资金配置效率。但是，中国的股票市场作为一个新兴的资本市场，在市场运行方面还存在着许多的问题和不足，例如股票市场普遍存在着短期频繁买卖、各种肆意炒作、股票价格过山车式的大

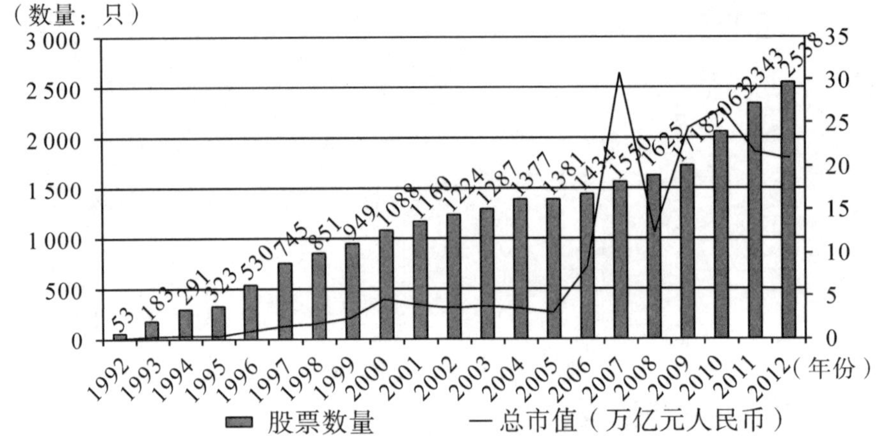

图 1.1　中国股票市场发展历程

起大落等现象，这可能会使得股市资本配置效率较低、市场稳定性较差和股市投资风险过高。2001 年，中国著名经济学家吴敬琏就指出，中国股市为投机者操纵的“赌场”，投机者受政府这只“看得见的手”的误导，过度投资国有企业，股价脱离了基本面。因此，针对中国股票市场的资本配置效率，企业投资效率仍然相对较低这一事实，如何改善和提高股票市场的资本配置效率，如何提高企业投资效率成为亟待解决的问题。为什么会出现上述现象呢？本书认为，中国上市公司对于现金股利分配的不够重视，逐渐形成和强化了股票市场的各种投机动机和投机行为，弱化了股票市场配置资本的功能效率，可能是导致上市公司投资效率偏低的原因之一。

投资效率一直是公司治理研究领域重点关注的问题之一，大量文献从不同的视角分别进行了研究，并得出了一些有益的结论。例如，连玉君和苏治（2009）的研究认为，融资约束是影响上市公司投资效率的重要因素之一，融资约束使得上市公司的实际投资水平比最优的投资水平偏低 20%～30%。姜付秀、伊志宏和苏飞等人（2009）通过检验沪深两市 A 股上市公司管理层的背景特征对上市公司过度投资的影响则发现，上市公司管理层的教育水平和管理层的平均年龄也是影响投资效率的两大因素。朱松和夏冬林（2010）则指出，稳健的会计政策有利于限制企业的过度投资，也是影响上市公司投资效率的重要因素。何源、白莹和文翘翘（2007）则发现，控股股东持股比例也会影响上市公司的投资效率，具体而言，控股股东持股比例越高的上市公司，其过度投资的趋势越弱，而且发债融资可以进一步抑制过度投资行为。

与此同时，现金股利政策作为公司金融研究领域的重要问题之一，也得到了理论界和实务界的广泛关注。自股利无关理论（也称 MM 理论）被 Miller 和 Modigliani（1961）提出后，上市公司的股利政策便被学者们高度关注和激烈讨论。现代股利政策理论通过放宽 MM 理论的假设条件，在不完美市场情形下研究股利政策与公司价值的关系，并形成了顾客效应理论、信号传递理论和代理成本理论等一系列具有代表性的观点。

然而，很少有文献将上市公司的现金股利政策与投资效率问题直接联系起来。事实上，股利政策会直接影响投资者的市场行为，进而影响股市的功能效率。例如，Pastor 和 Veronesi（2003）就发现，现金股利的分配能够提高投资者对公司层面信息的“认知学习能力”。反之，现金股利偏低，那么投资者只能通过买卖股票的价差来获取投资收益，会弱化投资者的投资动机而强化其投机动机，使得股票价格脱离公司层面的信息，降低了股票价格的信息含量，进而也会降低股市的资本配置效率。因此，本书尝试探讨现金分红对于投资者行为和股票价格信息含量的重要作用，以期得出具有指导意义和参考价值的政策建议。

本书的主要研究目的就是从理论和实证两个维度来研究现金股利政策对股价信息含量和企业投资效率的影响。具体来讲，本书主要研究以下几组关系：第一，现金分红对股票投资者投资行为的影响，股票投资者的投资行为对于股价信息含量的影响，以及现金分红对于股价信息含量的影响；第二，股价信息含量对于企业投资效率的影响；第三，现金分红通过影响股价信息含量而对企业投资效率的影响。上述研究有助于我们厘清现金股利政策对于股票市场资本配置效率的影响机制，便于相关决策和监管部门制定股利政策时参考。这对于规范中国股票市场的运行、增强中国股票市场的资本配置效率、巩固和提升中国股票市场的综合实力、形成具有国际竞争力的金融中心等具有极为重要的现实意义。

1.2 研究内容与技术路线

本书研究上市公司现金分红对其投资效率的影响，主要是从股价信息含量这一视角展开分析。本书主要研究内容涉及以下五个方面：一是现金分红与股价信息含量的关系研究；二是股价信息含量与上市公司投资效率的关系研究；三是现金分红对于上市公司投资效率的总体影响研究及其作用机制分析；四是现金分红、股价信息含量和上市公司投资效率相互关系的门槛特征研究；五是对策措施的研究。下面对每一部分的主要内容进行一个简要说明：

第一，现金分红与股价信息含量的关系研究。这一部分首先主要是从行为金融的视角出发，从理论上分析股票市场参与者在不同的现金股利政策下的行为选择和购买决策动机，进而提出“低现金分红强化了股市投机性，进而使股市参与者不再关注上市公司层面信息”的论断，即上市公司现金分红过低会降低股票价格的信息含量。最后，运用沪深两市A股上市公司的年度面板数据对上述假说进行验证，检验上市公司的现金分红是否会对股价信息含量产生正向的促进作用。

第二，股价信息含量与上市公司投资效率的关系研究。这一部分主要是从上市公司管理者的信息掌握量与其投资效率的关系出发，指出股票价格作为上市公司未来盈利信息的反应，其中包含了许多公司层面的特质信息，对于上市公司管理者的投资决策制定可能具有重要的参考价值，因此，上市公司的股价信息含量对其投资效率可能存在正向的促进作用。最后，运用沪深两市A股上市公司的年度面板数据对上述假说进行验证，以检验股价信息含量的提高是否会促进企业的投资效率。

第三，现金分红对于上市公司投资效率的影响研究。根据前两部分的论述，现金分红和上市公司投资效率之间可能存在间接的影响机制。因此，这一部分首先是检验现金分红对上市公司投资效率是否存在一定程度的总体影响，然后在此基础上进一步对其作用机制进行分析，以检验股价信息含量是否是现金分红影响上市公司投资效率的重要作用途径。

第四，现金分红、股价信息含量和上市公司投资效率相互关系的门槛特征研究。由于研究发现，现金分红对于股价信息含量的影响、股价信息含量对于上市公司投资效率的影响，以及现金分红对于上市公司投资效率的影响，在不同投资效率水平的上市公司之间是存在差异的，因此这一部分为其提供了一个解释，认为从无论是股票投资者是否学习公司层面的信息，还是上市公司管理者是否学习股票价格中的信息，都是需要进行成本收益分析的，因此现金分红、股价信息含量和上市公司投资效率的相互关系可能会呈现门槛特征。最后，构造多重门槛模型进行验证。

第五，政策建议部分。这一部分主要是根据本书的理论分析和经验检验的结论，提出完善企业内部治理结构，强化企业内部管理，提高现金分红比例，提升股价信息含量，进而推动企业投资效率提高的政策建议，以期充分发挥股票市场优化资源配置的功能效率，促进我国企业健康可持续发展。

本书的逻辑框架如图 1.2 所示。针对中国上市公司现金股利偏低和投资效率不高这一事实，本书从理论逻辑和经验检验两个方面展开分析。首先，根据对国内外文献的梳理和中国股票市场的投机性交易这一现实背景提出本书的研究问题。其次，根据股票收益形式和收益风险的关系，以及股市风险与投资者行为的关系，提出现金分红对于股市投资者行为的影响。再次，分析股市参与者的投机行为对股价信息含量和股市功能效率的影响。然后，检验现金分红对上市公司投资效率的总体影响，以及本书探讨的机制在这一影响中的重要性。最后，根据本书的研究结论提出相关的政策建议。

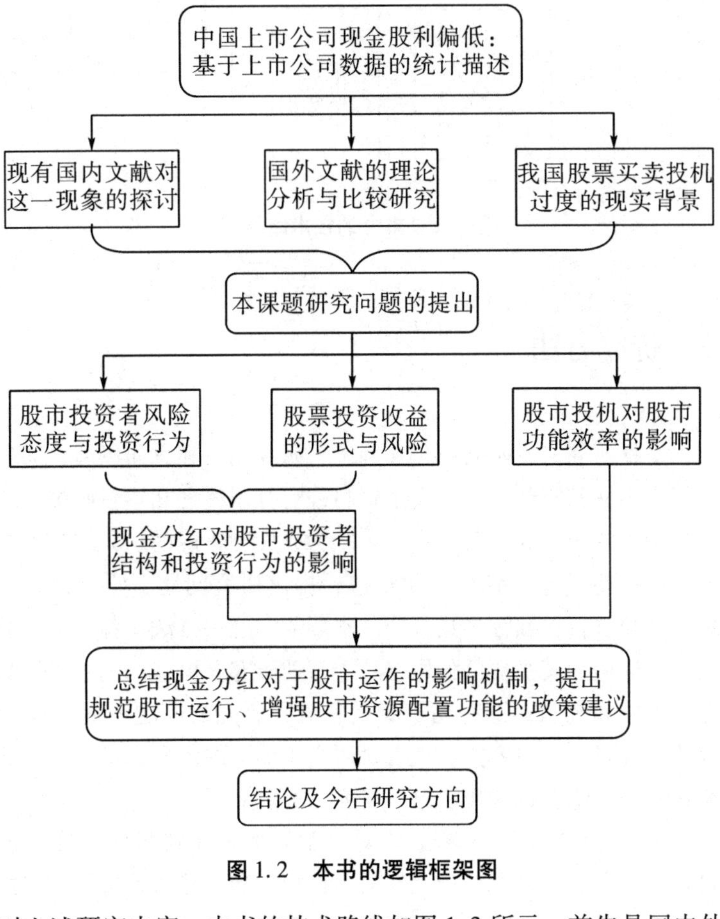

图 1.2　本书的逻辑框架图

针对上述研究内容，本书的技术路线如图 1.3 所示。首先是国内外文献的梳理和回顾，为本研究提供一定的理论基础和参考。其次是理论分析，根据投资者期望收益最大化的原理构建理论模型，将股利政策与投资者行为联系起来，厘清现金分红对于投资者投机行为和股价信息含量产生影响的作用机制和逻辑关系等，并得到相关推论。再次是经验分析，收集、整理沪深两市上市公司的年度数据，根据所提出的各个理论假说分别进行经验验证。最后，根据计量分析结果进行相应的理论解释，并得到相关的研究结论。

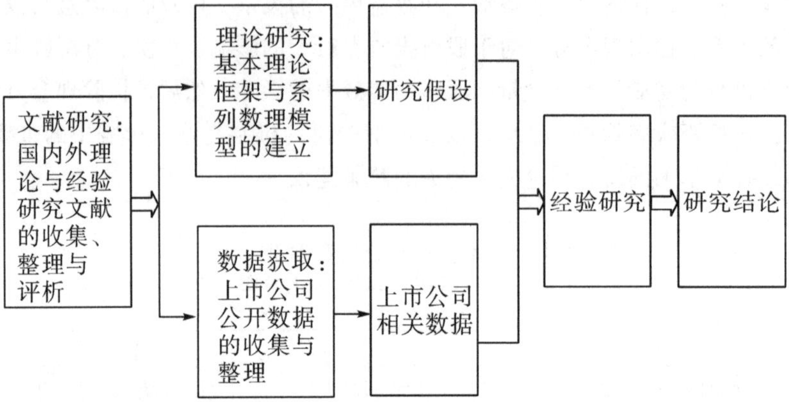

图 1.3　本书的技术路线图

1.3　研究方法

第一，文献研究。文献研究是在确定了研究题目和方向以后，通过查阅大量国内外相关的文献资料，并对文献资料进行分析整理和重新归类，从而对所研究的课题相关的历史和现状形成一个较为全面和正确的认识，进而为课题的研究做好理论铺垫。文献研究法通常包括提出研究问题、研究设计、收集文献、整理文献和进行文献综述这五个基本环节。这一方法在各个学科的科学研究中都被广泛运用。其主要的作用有：①帮助研究者更加深刻地了解和掌握待研究问题的历史和现状；②有助于研究者对所研究的问题形成一般的事前预判；③为研究者提供了研究方法或者是研究思路上的借鉴和参考。因此，在本书的研究过程中，笔者也采用了这一研究方法。

第二，理论分析。理论分析是在对已掌握的现实资料的感性认识的基础上，通过抽象的理性思维对变量之间的内在规律和必然联系进行阐述的一种分析方法。在本书的研究过程中，除了对数据和现象的简单描述性介绍，还会涉及逻辑推理，探讨现金分红、股价信息含量和上市公司投资效率等变量之间的相关关系和因果关系。本书主要从理论上分析股利政策与投资者投资行为的关系，进而探寻现金股利对于股市投机的作用机制及其后果，厘清其中的逻辑关系。在理论分析中，本书坚持了归纳逻辑和演绎逻辑相结合的分析方式。一方面，从大量的公司层面数据中发现一些重要的问题，并归纳总结出一些可能的规律和结论，然后分析了现金分红、股价信息含量和上市公司投资效率之间的相互影响，并探讨这些规律性现象背后的内在逻辑。另一方面，基于现有的理论和研究结论，推测出主要经济变量之间的各种的内在关系，并提出一些推论和待检验假说。

第三，经验分析。理论分析是在一定的假设条件下进行，是对现实世界的简化和抽象。假设条件是否成立、概括抽象是否合理都会影响到理论分析的结论的正确性，以及理论模型对现实世界的解释能力。在科学研究中，既要注重定性分析，也要注重定量分析。仅仅采用语言文字进行叙述性的逻辑推理，对于变量之间的“量”的关系无法清楚把握，甚至在一些情况下会因为研究人员的个人好恶而夸大或低估一些“量”的关系，从而对研究对象的“质”做出错误的判断。为了有效避免此类情形出现和验证理论分析的正确性，需要对理论分析的相关推论进行经验验证。将“量”的分析和“质”的分析有机统一起来，避免了非数学的逻辑推理容易产生的结论性错误。根据研究问题、计量模型和数据结构特点等因素，本书的经验分析主要采用面板数据进行分析，计量分析主要运用了固定效应、固定效应-工具变量法、多重面板门槛和面板数据分位数回归等方法。

第四，实证分析。实证分析是超越了一切价值判断，仅仅从可以被证实的一些前提条件出发，来分析人类社会的各种经济活动。实证分析的侧重点是研究整个经济体系如何运行，即经济活动的运行过程、后果和未来的发展方向等，而不对经济体系运行的结果是否合意或者是否可取进行评判。也就是说，实证分析仅仅是在一定的假设条件和理论基础之上考察相关经济变量之间的因果关系，对既有的经济现象进行描述、解释和说明，或者是对可能发生的经济现象进行推理和预测。因此，实证分析是对经济问题的客观分析，由此得到的结论是可以被经验事实验证的。本书在理论分析的部分，事实上就是大量采用实证分析，对现金分红、股价信息含量和上市公司投资效率等经济变量之间的因果关系进行客观的逻辑推理分析。当然，实证分析的方法也很多，本书主要采用了定性分析和定量分析两种方式，通过定性分析对经济变量之间的内在规律进行解释说明，通过定量分析来检验经济变量之间的经验关系。

第五，规范分析。与实证分析不同，规范分析是以一定的价值判断为基础，针对经济问题提出一些评价和处理问题的标准，并研究经济主体的经济行为如何才能符合和达到这种价值判断和社会目标。因此，规范分析通常在经济政策制定的研究中被广泛应用。本书的研究既要从理论和经验上探讨清楚现金分红和股市投机之间的关系到底是什么，以及为什么，还要根据研究结论和“应该是什么”提出相关政策建议，以解决股市中现存的问题及风险。所以，规范分析也将是本书研究过程中的一个重要研究方法。

1.4 创新之处

本书是在现有文献的研究基础上，从上市公司现金分红这一因素出发，探讨了现金分红、股价信息含量和上市公司的投资效率等问题之间的相互关系及影响，进而为提升上市公司投资效率提供一些政策建议。无论是在研究视角，还是在研究方法上，本书的研究工作都具有一定的创新性。具体而言，本书的创新主要体现在以下三个方面：

第一，从研究视角来看，本书的创新之处在于从现金股利政策视角来探讨企业的投资效率这一重要问题。股票价格引导证券市场资源优化配置是股市的基本功能，然而现有文献在讨论股市的资本配置功能时，主要讨论的是市场上的资金如何在不同的行业或企业之间配置的问题，即股票投资者最终购买哪一家上市公司的股票的问题，而忽略了对股票市场如何引导上市公司在不同投资项目上的资本优化配置问题的分析。事实上，相对于“股票价格引导资本在上市公司之间配置”而言，“股票价格引导上市公司将资本在不同投资项目之间配置”是更为重要的问题，因为后者是股票市场实现资本配置效率过程中最为关键的一环。然而，影响上市公司投资效率的因素很多，现有文献主要是从融资约束、产权性质、外部治理环境、信息披露和控股股东持股比例等角度展开分析，并提出相应的措施以提高上市公司的投资效率，现有文献从现金股利政策的角度来研究企业的投资效率问题还比较少。所以，无论是对于股价引导资本配置问题的研究，还是对于企业投资效率问题的研究，本书的研究视角都具有一定的创新性。

第二，从研究内容来看，本书的创新之处在于分析了现金分红影响企业投资效率的重要作用机制。本书认为，股票价格是由众多股市参与者的股票交易行为决定的，因此股价信息含量与股票投资者的投资动机和行为是密切相关的。如果股票投资者在进行股票交易前对上市公司的相关信息进行了充分了解，那么最终的股票价格就会包含这些信息，反之则没有。股票投资者是否会花费精力研究上市公司的经营情况，则取决于成本收益分析，其中收益就是指购买该上市公司的股票预期能获得的收益。而在股票投资者购买股票的预期收益构成中，一个重要的收益形式就是现金分红。因此，本书认为现金分红可能也是影响股票价格信息含量的一个因素。所以，本书将这一机制作为重点研究对象进行分析，并且在检验了现金分红影响上市公司投资效率的基础之上，进一步探讨了“现金分红影响股价信息含量，进而影响上市公司投资效率”这一机制在现金分红影响上市公司投资效率的各种作用机制中的相对重要性。

第三，从研究结果来看，本书的创新之处在于发现现金分红对企业投资效率的影响具有门槛特征，并以此解释了为什么现金分红对企业投资效率的影响并不是特别显著，也具有一定程度的创新性。本书认为，无论是股票投资者关注上市公司层面的特质信息，还是上市公司的管理者关注股票价格中所具有的信息含量，都是存在学习成本的，只有当收益超过成本时，上述可能才会成为现实。因此，只有股票的现金分红足够高时，股票投资者才会关注公司层面信息，进而使得股票价格更具信息含量，同理，只有股价信息含量足够高时，上市公司管理者也才会关注股票价格所具有的信息含量，进而对上市公司的投资效率产生影响。而且实证结果证实了上述假说，发现现金分红对股价信息含量、股价信息含量对企业投资效率，以及现金分红对企业投资效率的影响都具有显著的门槛特征，而且经验结果表明中国大部分上市公司的现金分红和股价信息含量都很低，没有越过门槛值。

2 文献综述

本书的研究内容主要涉及上市公司的现金股利政策、股价信息含量和上市公司投资效率等几个方面的问题。关于上述每一个方面的问题，都已有大量的国内外学者对其进行了深入细致的研究，并得到了大量有益的结论。因此有必要首先就这几个方面的国内外现有研究分别进行梳理和回顾。然后，对文献进行一个简要的评述，提出现有研究的不足和需要进一步完善的地方，并基于对文献的梳理，提出本书的主要研究问题。

2.1 国外研究现状

国外学者对于现金股利政策、股价信息含量和上市公司投资效率等问题的研究起步相对较早，目前已经产生了大量极具价值的研究成果，下面将对其进行一个简要的回顾。

2.1.1 关于现金股利政策的研究

股利政策作为公司金融领域的重要问题，一直是理论界和实务界关注的焦点。自 20 世纪 50 年代中后期开始，经济学家们围绕着股利分配问题从不同的视角做出了种种解释。但是，迄今为止，对于股利分配问题，特别是上市公司是否应该分配以及如何分配现金股利问题依然没有完全达成共识。正如 Fischer（1976）所说，股利问题像是一个谜，不存在一个理论就能统一解释股利的问题。

早期股利政策理论的分析主要是基于投资者对股利政策偏好的角度。由于分析角度的差异，不同的理论认为投资者对于股利的需求是不一样的。比如，“一鸟在手”理论（A Bird in the Hand Theory）认为，资本利得作为股票的收益来源，具有很大的不确定性，而现金股利是投资者获取投资收益最直接和最稳定的方式，因而投资者会更加偏好现金股利，并且会为分配现金股利的公司股票支付更高的价格（Lintner，1956；Gordon，1959）。但是，Miller 和 Modigliani（1961）的股利无关理论（MM 理论）指出，投资者获得现金红利后，仍然需要将现金红利投资到同样具有风险的股票中，因此，对于理性的投资者而言，在资本利得和现金红利的偏好上应该没有特别的差异，存在"一鸟在手悖论"（A Bird in the Hand Fallacy）。事实上，MM 理论的假设条件过于严苛，通过放宽 MM 理论的前提假设，Farrar 和 Selwyn（1967）的税负差异理论认为，股票是否分红取决于资本利得税率和股利税率的差异，当股利税率较高时，应该减少现金分红。进一步地，Elton 和 Gruber（1970）、Black 和 Scholes（1974）等学者对税负差异理论做出扩展，提出了追随者效应理论，该理论指出，由于投资者的纳税等级差异，投资者对于现金分红的态度也可能存在差异，因而公司应该根据投资者的偏好调整其股利政策。但是，该理论提出后很快就受到挑战和质疑，经验分析表明并不存在任何支持追随者效应理论的证据（Lewellen et al.，1978）。随着行为金融等学科的发展，一些文献从更加新颖的视角去探讨了投资者对于股利政策的偏好。Shefrin 和 Statman（1982）的后悔厌恶理论认为投资者一般都是后悔厌恶型的，更加偏好现金股利。Shefrin 和 Statman（1984）的自我控制理论指出，由于人们不能自我控制以实现当前需求与未来需求的平衡，往往需要借助现金股利这一外在约束进行自我控制，因而难以自我控制消费的投资者会偏好于较低的股利收益率。

随着信息经济学的兴起，现代股利政策理论还从改善公司治理的角度对股利政策进行了分析，并肯定了股利分配对于公司治理的积极作用。其中，较为经典的代表性理论就是信号理论和代理成本理论。Bhattachary（1979）提出的股利信号理论认为，相对于外部投资者，公司管理层掌握更多关于公司投资机会和盈利前景的私有信息，存在着信息不对称问题，而现金分红正好是传递公司未来发展前景信息、解决市场信息不对称、引导资本合理配置的重要方式，并且股利的信号能够实现完全分离均衡。在此基础上，Miller 和 Rock（1985）、John 和 Williams（1985）又分别根据不同的股利信号成本来源建立了不同的模型，而且 Ambarish，John 和 Williams（1987）、Williams（1988）从单期和多期的角度展示了有效的信号均衡。除了信息不对称问题，Jensen 和 Meckling（1976）认为，管理层与股东之间存在利益不一致的问题，为了最大化自身的利益（比如在职消费和个人声誉等），管理层的投资决策可能会偏离投资者的利益目标。基于管理层与投资者之间的委托代理问题，Jensen 和 Meckling（1976），Easterbrook（1984）和 Jensen（1986）的股利代理成本理论认为，公司内部留存的现金过多会使得管理层滥用多余现金，产生低效率的投资行为，通过支付现金红利，能够减少管理层可自由支配的现金资源，而且支付现金分红会迫使公司经常到资本市场融资并接受来自市场的监督，进而减少对资金的不合理使用。

但是，Fama 和 French（2001）、Fatemi 和 Bildik（2012）等学者都相继发现，“正在消失的股利”现象在西方发达国家的股市纷纷出现。有鉴于此，Baker 和 Wurgler（2004）提出了股利迎合理论，试图解释现金股利消失之谜。该理论认为，上市公司的管理者会迎合投资者的需要去制定股利政策，也就是说，投资者偏好股利，管理者就支付股利；投资者不偏好股利，管理者就不支付股利。而且，经验证据也表明，当股利溢价为正时，上市公司管理者支付股利的意愿较高，反之，当股利溢价为负时，管理者支付股利的意愿则会较低，证实了股利迎合理论的合理性。Denis 和 Osobov（2007）则运用股利生命周期理论对“正在消失的股利”现象进行了解释。根据股利生命周期理论，处于成长阶段的公司投资机会多但可用资金少，一般倾向于不支付股利；而成熟阶段的公司盈利能力强但投资机会少，一般倾向于支付股利。因此，处于成长阶段的这些新上市公司数量的增加造成了“正在消失的股利”现象。

除了上述经典理论以外，还有其他一些研究讨论了公司股利政策的影响因素。比如：Khan（2006）、Mancinelli 和 Ozkan（2006）等认为股权结构会对公司的股利支付产生影响；Chateau（1979）、Baker 等人（1985）的结论认为公司的盈利水平也是影响企业股利分配的重要因素；Fuller 和 Goldstein（2011）指出现金分红的作用与市场状态有关，因而现金分红存在时间选择问题。总之，关于股利政策的研究维度很多，但是结论差异也较大。

2.1.2 关于股价信息含量的研究

随着研究的深入，学者们意识到“股票价格完全由公司层面信息决定”这一有效市场假说的观点是存在一定缺陷的，并且（Compbell et al.，2001）指出股票价格所包含的信息根据来源可以划分为三个层次：一是市场层面的信息，二是行业层面的信息，三是公司层面的信息。其中，市场层面的信息和行业层面的信息都属于公共信息，Morck，Yeung 和 Yu（2000）认为，证券市场运行效率的重要因素只有股票价格中所包含的公司层面信息的多少。故而，很多学者开始尝试测算股票价格中所包含的公司层面的信息量，并将其定义为股价信息含量。目前，以下三个方面是股价信息含量的研究重点：一是股价信息含量的测度方法；二是股价信息含量的决定因素；三是股价信息含量的经济后果。

关于股价信息含量的测度方法有多种，其中被认为是最为重要的测度方法当数 Roll（1988）所提出的股价波动的非同步性指标。Roll（1988）和 Durnev 等人（2003）通过股票收益率对市场收益率和行业收益率进行回归，然后用 1 减去可决系数作为股价波动的非同步性指标，该指标越大则意味着股票价格中所包含的公司层面的信息比重越大。与之相对，也有一些文献用可决系数作为股价波动的同步性指标来反映股价信息含量。至于公司层面的信息是如何进入股票价格的，Roll（1988）给出了两个方式：一是公众信息的发布；二是收集和加工公司层面的信息的理性投资者的套利行为。至于股价波动的非同步性是否能真正反映公司层面信息，一些学者对此提出了质疑。例如，West（1988）认为当公司层面的收益率波动较大时，股价波动中会包含更多的噪声，因而股价波动的非同步性不能作为反映公司层面信息量的指标。除此之外，Barbeis 和 Shleifer（2003），Barberis、Shleifer 和 Wurgler（2005），Andrade（2005）和 Greenwood（2008）等人的文献指出，当股价共同波动反映的是风险投资行为、套利者的有限风险承受能力、投资者偏好等情况时，股票价格中也不会包含公司层面的特质信息。但是，针对这些质疑，一些学者也为“用股价波动的非同步性作为股价信息含量的有效测度指标”提供了理论支撑。例如，Durnev 等人（2003）就发现股价波动的非同步性更多的是来自于公司层面的信息，而不是来自于随机扰动项的噪音。Defond 和 Hung（2004）的研究也认为股价波动的非同步性能够准确地反映公司层面信息，证实了用股价波动的非同步性来测度股价信息含量这一方法的有效性。Veldkamp（2006）则通过理论模型证明了股价波动的非同步性与投资者创造的公司层面信息量的正相关性假设。

一些文献提出了用其他的方法来测度股价信息含量。Collins，Kothari，Shanken 和 Sloan（1994）提出用股票收益反映未来盈余信息的能力作为对股价信息含量的测量指标后，该方法在 Barbeis 和 Shleifer（2003），以及 Bai、Philippon 和 Savov（2013）等人的文献中得到了广泛应用。该方法假设，股价的调整与上市公司预期盈余的调整高度相关，可将当期的股票市场价值作为未来盈利水平的解释变量，股价信息含量可以用当期股票收益对上市公司未来盈余水平的解释能力来测度。另外，用 Easley、Kiefer 和 O'Hara（1996）提出的“知情交易概率指标（PIN 值）”作为股价信息含量代理变量的做法也非常常见。知情交易概率指标是测度股价信息含量的一个较完美指标，具体计算公式为：$PIN = \alpha\mu/(\alpha\mu + \varepsilon + v)$。其中，$\mu$ 是理性交易者抵达率，α 是信息交易发生率，v 和 ε 分别是买单抵达率和卖单抵达率。根据定义可知，知情交易概率指标与股价信息含量是正向关系，即知情交易概率指标取值越大，则意味着股价信息含量越高。除此之外，Llorente 等人（2002）的文献提出的私有信息交易量指标也被用作股价信息含量的测量指标，并且这一方法被 Fernandes 和 Ferreira（2009）、Ferreira 和 Laux（2007）等文献广泛运用。需要指出的是，测度股价信息含量的方法虽然很多，但由于数据的可获得性问题，一些测量指标难以被计算出来，因此，在现有的实证研究文献中，最为常用的还是 Roll（1988）所提出的股价波动的非同步性指标。而且，这一指标的有效性得到了大量文献的支持，例如 Durnev、Morck 和 Yeung（2004）根据其研究发现就提出“如果股价波动非同步性不能作为股价信息含量的测量指标，那为什么股价波动非同步性能提高企业投资效率”。

关于股价信息含量的决定因素，大致可以分为两个层面：一是宏观层面的决定因素；二是微观层面的决定因素。其中，宏观层面的决定因素主要包括投资者保护程度、金融市场开放程度、信息透明度、会计准则建设进程、内幕交易法实施和在美跨境上市等方面。Morck、Yeung 和 Yu（2000）的研究发现，在投资者产权保护程度较高和金融体制发达的国家，股价波动的非同步性越明显，股价中包含的公司层面的特质信息越多。在此基础上，Li、Morck、Yang 和 Yeung（2004）进一步研究了股价信息含量与新兴市场开放程度的关系，发现，资本市场开放程度显著地正向影响股价信息含量。Bae、Baile 和 Mao（2006）则发现新兴市场金融自由化程度对于股价信息含量的提升也具有正向促进作用。而且，无论是 Li、Morck、Yang 和 Yeung（2004），还是 Bae、Baile 和 Mao（2006）的研究还发现，资本市场开放程度（或者是新兴市场金融自由化程度）对于股价信息含量的影响程度会受到地区治理水平（或者是公司治理水平）的影响。Bushman、Piotroski 和 Smith（2004），Jin 和 Myers（2006）等人的文献则认为公司信息透明度也会影响股价信息含量的高低，公司信息透明度越高，外部投资者承担公司层面的风险更多，因此股价信息含量更高。Ding 等人（2007）则证明，会计制度建设也能够促进股价信息含量的提升。此外，内幕交易也是对股价信息含量产生影响的一个重要制度因素。Carlton 和 Fischel（1983）认为内部人具有明显的信息优势，内幕交易能使公司层面信息更多地进入股票价格。Fishman 和 Hagerty（1992）则指出，内幕交易具有挤出效应，内幕交易会使得外部投资者缺乏搜集公司层面信息的动机，如果这种挤出效应占了主导地位，那么内幕交易就会使得股价信息含量降低。Beny（2007）、Durnev 和 Amrita（2007）等实证研究表明，内幕交易对股价信息含量的影响主要表现为挤出效应。Fernandes 和 Ferreira（2008）考察了在美跨境上市对股价信息含量的影响，他们发现，对于发达国家而言，在美跨境上市可以提高上市公司的股价信息含量，但是对于发展中国家而言，在美跨境上市却会降低上市公司的股价信息含量，具有非对称性的影响。

还有一部分文献从微观层面探讨了股价信息含量的决定因素。Piotroski 和 Roulstone（2004）发现，证券分析师的跟进会降低股价信息含量，而机构投资者和内部人交易会提高股价信息含量，原因在于证券分析师们更多地搜寻的是市场层面的信息和行业层面的信息。Fox、Durnev、Morck 和 Yeung（2003），以及 Haggard、Martin 和 Pereira（2006）等人的研究表明，高质量的会计信息披露会向外部投资者传递公司层面信息，进而使得更多公司层面的信息进入股价之中。Ferreira 和 Laux（2007）从公司治理的角度进行研究发现，如果放开公司控制权，会增加市场交易活跃度，从而会激励外部投资者关注公司层面的信息，因而会提升股票价格的信息含量。

对于股价信息含量的经济后果方面的研究也相对较多，而且主要是集中于股价信息含量对资本配置效率的影响的研究。大致来讲，现有文献主要是从两个角度来研究估计信息含量对资源配置效率的影响：一是股票价格中包含的公司层面信息引导上市公司经理人的投资决策（例如：Dye & Sridhar，2002；Dow & Rahi，2003）；二是股价信息含量的变化影响上市公司的权益及债务融资成本（例如：Baker，Stein & Wurgler，2003）。目前，在股价信息含量和资本配置效率的研究中，很少有文献深入地探讨股价信息含量如何决定证券市场资源配置过程和资源配置效率，而主要是讨论股价信息含量的提高是否能促进资本配置效率的提升，例如 Wurgler（2000）等。考虑到股价信息含量可能具有内生性，Durnev、Morck 和 Yeung（2004）将资本配置效率作为因变量，滞后多期的股价信息含量作为自变量，对其进行匹配和分析，结果依然显示股价信息含量显著地促进了资本配置效率的提升。随后，Chen、Goldstein 和 Jiang（2007），以及 Youngsuk（2006）等人的文献也证实了上述结论。当然，也有一些文献提出了不同的观点。例如，Bakke 和 Whited（2010）认为只有当股票不存在错误定价和上市公司外部股权融资较多时，上述结论才成立，否则股价信息含量和资本配置效率之间的相关性并不明显。

2.1.3 关于上市公司投资效率的研究

企业投资效率是经济学和管理学长期以来都非常关注的问题，关于企业投资效率的影响因素，学术界已经取得了大量的研究成果。根据代理理论，由于现代企业的所有权和控制权分离，从而导致股东和经理层之间的利益冲突容易导致企业投资不足、投资过度或者是盲目投资等各种情况，使得投资效率偏低。

一些文献从股东和经理层代理冲突这一角度分析了上市公司的投资效率问题。例如，Stulz（1990）就指出，对于那些股权高度分散的公司而言，其管理者为了掌握更多资源或是进行更多的在职消费，往往会投资过度。尤其是对于那些持有大量现金的企业，其管理者过度投资的动机更强。Shin 和 Yong（2001）的研究也认为，当股东和上市公司管理者之间存在利益冲突时，管理者并不会进行有效的投资，即使公司极具成长性。另外，Grenadier 和 Wang（2005）等人的文献指出，当上市公司管理者的投资行为存在私人收益时，那么就会出现过度投资现象；反之，当上市公司管理者的投资行为存在私人成本时，就会出现投资不足的现象。Scharfstein 和 Stein（1997）、Shin 和 Stulz（1998）等人的文献还指出，作为分部的企业比单一化企业的投资效率要低。

一些文献则从股东和债权人代理冲突的角度研究了公司投资效率问题。例如，Jensen 和 Meckling（1976）就指出，股东和债权人之间的利益重提将会导致上市公司的投资出现投资不足或者投资过度的现象。一方面，当上市公司通过负债融资时，由于债权人不能有效监督上市公司管理者的经营活动，所以上市公司管理者就具有过度投资的动机，因为一旦投资成功就有巨大收益，而一旦失败也不用完全承担损失。另一方面，上市公司负债融资也可能通过三个机制导致投资不足的问题：一是债权人考虑到资金的可收回性，如果没有更优惠的条件吸引债权人投资，那么上市公司将无法获得足够资金；二是负债融资会增加上市公司的债务负担，减少公司的自由现金流，进而减少了投资支出；三是负债越多，公司破产风险越大，而管理者不愿意面临破产的威胁，因而也会减少投资，以避免破产的发生。但是，也有一些文献认为负债融资能够提高上市公司的投资效率。例如，Hart 和 Moore（1994），以及 Lang、Ofek 和 Stulz（1996）等人的文献指出，公司负债可以强化对于公司管理者投资行为的约束力，他们认为负债能够抑制公司管理者的过度投资行为。Childs、Mauer 和Ott（2005）进一步发现，短期债务融资对于投资不足和投资过度的代理成本都有极大的抑制作用。

从现金流的角度探讨企业投资效率问题的文献也相对较多。虽然早期的文献认为内部现金流对企业的投资效率没有明显的影响，但是后续研究认为，当企业面临资本市场不完善、外部融资成本高的问题时，内部现金流对企业投资效率是具有影响的。例如，Jensen（1986）的自由现金流理论认为，出于自身利益的考虑，公司管理者倾向于将自由现金流投资到低回报的项目上，存在过度投资行为。随后，Hoshi 和 Scharfstein（1991）、Lamont 和 Polk（2002）、Amy 和 Anjan（2007）等人的大量文献从不同角度检验自由现金流对企业投资的影响，结果都验证了自由现金流理论。Amy 和 Anjan（2007）的结论还显示，相对于持有少量现金的企业，持有大量现金的企业更加容易进行无效率的投资。与自由现金流相对，融资约束理论则认为内部资金约束通常会导致企业投资不足，因为当资本市场存在信息不对称和逆向选择问题时，使用外部资金的成本较高。自由现金流理论和融资约束理论，都是表明企业的投资支出对于企业的现金流具有一定的敏感性，因此两种理论并不是互相排斥的。

还有一些文献从内部资本市场的角度研究企业投资效率的问题。Comment 和 Jarrell（1995）、Berger 和 Ofek（1995）等人的文献指出，内部资本市场更容易获得高质量信息，所以资本交易的成本很低，进而促进企业的投资效率提升，主要作用途径有两个：一是多钱效应（More-money Effect），即能够融得更多的资金；二是活钱效应（Smarter-money Effect），即内部资本市场能更好地实现资本在不同项目间的优化配置。但是，也有文献提出了相反意见，认为仅仅具有获取信息的成本优势，并不能保证资本配置就一定有效率。相反，内部资本市场可能会导致资本的低效率配置，其原因大致有三个方面。第一，内部资本市场的存在，会使得企业在收益较差的部门过度投资，而在收益较好的部门投资不足（例如，Berger & Ofek，1995；Shin & Stulz，1998）。第二，内部市场的存在会使得自由现金流增加，进而影响企业投资效率。第三，外部资本市场的信息不流畅等问题会通过增加外部小股东对企业的监管难度，而使得企业的投资效率偏低（Lins & Servaes，2002）。

最后，还有一些文献从股权结构的角度讨论企业投资效率的影响因素。当股权集中度较高时，即上市公司完全由大股东控制时，大股东与小股东之间的利益冲突将成为一个重要的问题（La Porta et al.，1999；Claessens，Djankov & Joseph et al.，2002）。如果存在大股东控制，而小股东的利益又缺乏有效的保护机制，那么企业在进行投资决策时大股东与小股东之间利益冲突的结果可能就是牺牲小股东利益、成全大股东利益，企业投资可能出现低效率的情形。例如，Parrino 和 Weisbach（1999）就发现大股东经常忽视净现值为正的项目，而投资净现值为负的项目，投资行为严重扭曲。Goergen 和 Renneboog（2001）基于流动性约束的视角认为，股权越集中，企业过度投资的倾向越明显。Bertrand、Mehta 和 Mullainathan（2002）则发现大股东会通过非效率投资等方式来掠夺小股东的利益。总之，企业大股东可以通过低效率投资和关联交易等多种途径来获取私人收益。

2.2 国内研究现状

国内学者对于现金股利政策、股价信息含量和资本配置效率等问题的研究虽然起步较晚，但是也取得了一些研究成果，下面将对国内学者就现金股利政策、股价信息含量和资本配置效率等问题的研究成果进行一个简单的总结。

2.2.1 关于现金股利政策的研究

由于中国股票市场起步较晚，国内学者对于股利政策的广泛研究是从20世纪90年代中后期开始的，且主要是对相关股利政策理论的经验检验。

其中，股利信号理论和代理成本理论被大量文献反复验证。然而，对于股利能否作为有效的信号传递机制，经验研究的结论并不完全一致。王静、张天西和郝东洋（2014）、祝继高和王春飞（2013）的研究均认为现金股利具有明显的信号传递作用。孔小文和于笑坤（2003）则认为，我国股市中虽然存在股利的信号传递效应，但股利政策的不同会引起不同的市场反应，而我国上市公司在股利政策选择上存在随意性，并没有通过不同的股利政策传递公司信息。相反，也有一些学者认为现金股利并不能成为有效的信号传递机制（陈浪南，姚正春，2000；肖珉，2010）。对于股利代理成本理论的检验结果则较为一致。肖珉（2010）、孔东民和冯曦（2012）等人的文献都证实了现金股利的发放能够抑制公司的过度投资行为。而且，魏锋（2012）发现，外部审计与现金股利之间呈显著负相关关系，这意味着在解决管理层与投资者之间的委托代理问题方面，现金股利是外部审计的一种替代治理机制。

对于税负差异理论、迎合理论和生命周期理论等理论，学者们也分别做了经验研究，并且证实了这些理论对于现实世界的解释力。孙刚、朱凯和陶李（2012）发现，不同性质的控股股东所面临的税收成本差异是影响上市公司股利政策的重要因素。刘力（2007）发现，当现金股利溢价水平较高时，公司倾向于支付现金股利，当股票股利溢价水平较高时，公司倾向于支付股票股利。这与严太华和龚春霞（2013）的结论一致，都表明股利迎合理论对于股利政策具有很强的解释力。刘阳、朱海英和彭韶兵（2013）等人的经验研究则为股利生命周期理论提供了经验证据。但是，宋福铁和屈文洲（2010）认为股利政策的生命周期特征主要体现在是否支付现金股利方面，而不是现金股利的支付率。

除了对经典理论的验证，国内学者还检验了影响股利政策的其他一些因素，比如股权结构（武晓春，2003；阎大颖，2004；唐国琼，邹虹，2005）、外部约束的有效性（应展宇，2004）、管理层权力大小（王茂林，何玉润，林慧婷，2014）、企业的预防性储蓄动机（余静文，2012）、董事会的网络性和稳定性（冯慧群，马连福，2013）、控股股东对现金股利的偏好（曹裕，2014）等因素都是影响企业股利分红的关键性因素。这些经验证据表明，影响股利政策的因素确实是多种多样的。

2.2.2 关于股价信息含量的研究

国内关于股价信息含量的研究虽然起步相对较晚，但是近年来也有不少的文献对其进行了一些较为深入的探讨，主要集中在股价信息含量的测度方法、股价信息含量的决定因素和股价信息含量的经济后果三个方面。

首先，国内文献关于股价信息含量测度问题的研究，主要是对现有的一些测度方法的有效性进行经验验证。在众多股价信息含量测度方法中，到底用股价波动的非同步性作为股价信息含量的测量指标是否有效，一直是现代金融学的一个热点问题。林忠国、韩立岩和李伟（2012）利用中国上市公司的非平衡面板数据研究发现，股价波动的非同步性与公司层面的信息，或者是噪音，存在“U”型的关系，并且股价波动的非同步性主要表现为噪音，因此不能简单地将股价波动的非同步性作为股价信息含量的测量指标。当然，用股价波动的同步性指标作为股价信息含量的度量，一直是存在“肯定和否定”两种对立观点的，但是大多数文献还是持肯定态度。例如，肖浩、夏新平和邹斌（2011）以深市2003—2004年主板上市公司为样本，实证研究了知情交易对股价波动同步性的影响，研究后发现，股价波动同步性与市场信息交易概率正相关，而与个股信息交易概率负相关，也就是说，用股价波动的非同步性作为股价信息含量的测量指标能够得到实证支持。袁知柱和鞠晓峰（2009）运用中国上市公司1995—2007年的非平衡面板数据分析“股价波动非同步性作为股价信息含量测量指标”的有效性时，也证实了股价波动的非同步性作为股价信息含量测量指标的有效率，并指出异质噪音对于股价波动的非同步性的影响非常微弱，而且这一结果无论是从公司层面，还是从行业层面来看，都能得到相应的经验证据的支持。

其次，现有文献还从产权结构、投资者类型和会计信息等角度考察了股价信息含量的决定因素。较早的文献，例如李增泉（2005），基于产权经济学视角的分析认为，所有权结构对股价波动同步性具有显著的影响。随后，张博（2011）对 2001—2007 年深沪两市的制造业公司进行分析，结果表明，合理的所有权结构和产品市场的有效竞争对于股价信息含量的提升都有积极的促进作用，而且产品市场竞争对于股价信息含量的影响不会受到所有权结构的影响。另外，于阳和李怀祖（2005）检验了中美两国专业机构投资者对股价信息含量的影响，结果发现，证券投资基金的壮大虽然提升了美国股市的股价信息含量，但是由于中国政府对市场的过分干预，并没显著提高中国股市的股价信息含量。与之相反，宋玉和范敏虹（2013）运用 2004—2010 年数据分析则认为，机构投资者持股比例越高，公司层面的信息在股票价格中反映得越多，即认为机构投资者持股能够提高股价信息含量。熊家财、苏冬蔚和刘少波（2014）通过对不同类型机构投资者进行分析则发现，证券投资基金对股价信息含量具有负向影响，而合格境外机构投资者和险资对股价信息含量则具有正向影响，而且机构投资者对于股价信息含量的提升作用在制度环境较好的地区更明显。进一步地，朱红军、何贤杰和陶林（2007）研究证券分析师对资本市场运行效率的影响时发现，证券分析师通过对信息的搜寻能够增进股票价格关于公司层面的信息含量，降低上市公司股票价格波动的同步性，因此证券分析师的职业能力也是影响股价信息含量的重要因素。

从公司治理角度来看，陈兵兵（2008）运用 1997—2008 年非金融类上市公司的数据分析了政府干预程度、市场化进程和法治水平等外部治理环境差异对于股价信息含量的影响，结果发现，外部治理环境对于股价信息含量具有正向影响，而且这一影响在国有控股的上市公司中更加显著。肖浩和孔爱国（2014）发现管理者薪酬和企业高管在职消费都会降低股价信息含量，并指出上市公司必须要完善治理结构。但是，袁知柱和鞠晓峰（2009）采用 2000—2005 年中国上市公司非平衡面板数据，实证分析了制度环境与公司治理因素对于上市公司股价信息含量的影响，其结论表明，股权制衡度、双重上市、股东与董事会年度会议次数、董事会规模、独立董事比例和管理层持股比例等制度环境因素对于股价信息含量具有正向的影响，相反，国有股比例对股价信息含量具有负向的影响，而两职合一和审计质量等公司治理因素对股价信息含量的影响却并不显著。张梅（2015）基于沪深两市 2007—2013 年的上市公司数据进行分析，结论表明，在高管的权力相对较小的上市公司中，具有会计背景的独立董事能够显著提高上市公司股价信息含量，而且在引入机构投资者的监督后，这一影响更加显著。孙俊奇（2015）的研究还发现，上市公司高管过度自信对股价信息含量具有负面影响，而且这种影响会受到市场情绪的影响。

除此之外，袁知柱和鞠晓峰（2008）运用2004—2006年的上市公司数据，从公司层面分析了股价信息含量和会计信息质量之间的关系，结果显示，会计信息质量是影响股价信息含量的关键性因素，信息披露水平越高则股价信息含量越高。于忠泊、田高良和曾振（2011）也证实了会计稳健性能够提升股票价格的信息含量。

最后，关于股价信息含量的经济后果也是国内文献的一个关注重点。例如，侯永建（2006）就发现，股价信息含量与企业投资支出额呈现出显著的正相关关系。陈梦根和毛小元（2007）针对中国股票市场跟风现象严重和估计走势偏离公司经营状况等问题，研究了股价信息含量对于股票市场投资者交易行为的影响，认为股价波动大，则股票市场的股票交易越活跃，因而，投资者的风险偏好特征越明显，但是，股价信息含量的提升则会降低股票交易活跃程度对股市风险的敏感性。

在股价信息含量的经济后果的研究中，关注最多的是股价信息含量对资本配置效率的影响。一部分文献持肯定态度，认为股价信息含量能够提升资本配置效率。例如，杨继伟和聂顺江（2010）对2001—2008年沪深两市的制造业公司进行分析，结果发现，股价信息含量对缓解上市公司投资不足和抑制上市公司投资过度都有显著的效果，而且从整个市场的层面来看，证券市场整体股价信息含量的提升还可以提高股市的资本配置效率。同样，袁知柱、吴粒和鞠晓峰（2012）也认为，股价信息含量的提升能抑制上市公司的过度投资行为，并且使得上市公司在未来具有更好的经营绩效。杨继伟（2011）基于相同样本的研究进一步发现，股价信息含量既可以缓解融资约束问题，还可以缓解代理冲突问题，进而有效地改善上市公司的资本配置效率。杨继伟和刘冬荣（2011）从行业层面研究股价信息含量与资本配置效率之间的关系，研究结论表明，股价信息含量的提升能够促进资本从低效率行业向高效率行业转移，实现资本在行业间的有效配置。也有一部分文献提出了不同意见，认为股价信息含量不一定能提升资本配置效率。例如，顾乃康和陈辉（2010）关于股价信息含量与公司投资决策之间关系的研究认为，股票市场的投资者对于公司层面信息的挖掘，主要是上市公司管理者已经掌握但尚未披露的信息，因此即使股票价格的信息含量较高，但是对于上市公司管理者而言，并不具有投资决策的参考价值，因而股价信息含量对于上市公司投资效率没有实质性的影响。晏艳阳和宋相群（2013）的研究表明，股价信息含量会提升上市公司企业价值，而且其价值往往会被高估，但是从上市公司投资效率的角度来看，他们也认为股价信息含量对其并无影响，可能上市公司的管理者并不会利用股票价格中的信息含量。

2.2.3 关于上市公司投资效率的研究

国内学者对上市公司融资行为的研究相对较多、较深入，但是对于上市公司投资效率的研究尚处于探索阶段，因此相关研究成果相对较少。目前，国内学者对于企业投资效率的研究主要有以下一些结论和研究发现：

连玉君和苏治（2009）通过测算上市公司在融资约束情况下的投资效率水平，结果发现，融资约束使得上市公司的投资水平比最优投资水平低了大约20~30个百分点。靳庆鲁、孔祥和侯青川（2012）的研究进一步指出，当企业面临融资约束时，宽松的货币政策可以减少企业的融资约束问题，进而对企业的投资效率产生影响，但是货币政策对于投资效率的影响具有非线性特征。另外，通常认为国有企业的投资效率低于非国有企业的投资效率，然而喻坤、李治国和张晓蓉等人（2014）通过对企业的投资效率性进行测度发现，事实上非国有企业的投资效率近些年来比国有企业的投资效率还低。对此，他们提出了融资约束假说对这一投资效率之谜进行解释，并且经过实证检验发现，近年来频繁的货币政策冲击使得国有企业不断获得信贷支持，而非国有企业的信贷资源则被挤出，由此导致的国有企业和非国有企业之间的融资约束差异，是非国有企业投资效率持续下降的重要原因。翟胜宝、易旱琴和郑洁等人（2014）通过研究非金融类民营上市公司的银企关系对企业投资效率的影响，结果则发现，作为一种非正式的替代机制，银企关系有助于改善民营上市公司的投资效率，尤其是在市场化程度较低的地区，银企关系对于企业投资效率的影响更显著。而且，曲进和高升好（2015）对2006—2012年A股上市公司的面板数据进行分析也发现，银企关系并不会导致民营上市公司的过度投资，但是有助于缓解投资不足，进一步证实了银企关系对于民营上市公司投资效率的积极促进作用。

稳健的会计政策也是影响上市公司投资效率的因素之一。从朱松和夏冬林（2010）的实证结果来看，稳健的会计政策对企业投资效率的提升作用主要体现在降低了企业的资本投资规模，即抑制了过度投资。但是，稳健的会计政策对过度投资的抑制作用并不明显，而且还可能会造成投资不足的情况。在此基础上，王桂花（2015）通过沪深两市A股上市公司在新会计准则和股权分置前后的样本数据进行实证分析，结果发现，会计稳健性是一把“双刃剑”，它既可以抑制上市公司的过度投资行为，进而提高上市公司的投资效率，也可以强化上市公司的投资不足现象，进而降低上市公司的投资效率。这一发现与朱松和夏冬林（2010）的结论完全一致。袁知柱、王家强和李军强（2012）基于深交所 A 股上市公司对会计信息透明度和投资效率之间的关系进行了研究，会计信息透明度越高，上市公司的过度投资和投资不足问题越少，而且，会计信息透明度对于投资不足的负向影响更为显著。

还有一部分文献从公司内部治理的视角考察了企业投资效率的影响因素。任春艳（2012）对沪深两市 2005—2009 年的上市公司进行研究，检验盈余管理对企业投资效率的影响，结果表明盈余管理一方面误导了外部投资者，另一方面对企业内部决策具有不利影响，因而对企业投资效率的提升具有负面影响，降低了资本配置效率。陈共荣和徐巍（2011）从股权结构来分析上市公司的投资效率，结果表明，第一大股东持股比例对上市公司投资效率的影响表现出一种“N”字形特征，即随着第一大股东持股比例的增加，上市公司的投资效率将会呈现出先上升、后下降、再上升的趋势。而且，陈共荣和徐巍（2011）指出，如果第一大股东为国有属性，则企业的投资效率会相对较低。柳建华、卢锐和孙亮（2015）则认为，上市公司董事会对外投资权限也是影响企业投资效率的因素，具体而言，降低其投资权限，有助于抑制上市公司的过度投资行为，尤其是对国有控股的上市公司过度投资行为的抑制作用更加明显。但是，董事会对外投资权限太小，也可能会引起上市公司投资不足的问题。罗付岩和沈中华（2013）通过研究股权激励对企业投资效率的影响则发现，股权激励可以通过代理成本这一中介效应提升上市公司的投资效率，而且这一影响在非国有企业中表现得更加明显。而对于国有企业而言，期权激励的方式比股权激励的方式更能抑制企业的非效率投资。龚光明和曾照存（2013）的研究表明，管理者的风险特质与企业的投资效率也具有一定的关系。其中，风险偏好型的管理者通常会偏好于增加投资，因而企业容易投资过度；而风险规避型的管理者，其投资策略相对保守，为了减少投资风险，通常会使得企业出现投资不足的情况。黄新建、黄能丽和李晓辉（2014）基于 2008—2010 年上市公司数据分析企业高管特征对投资效率的影响，其结果发现，高管任期和高管持股都能提升上市公司的投资效率，但是高管的年龄却会对企业投资效率表现出负向影响。郑立东、程小可和姚立杰（2013）基于高层梯队理论系统研究独立董事背景特征对企业投资效率的影响则发现，独立董事的性别、年龄和财务专业背景等因素对于上市公司的投资效率具有显著的影响，甚至在一定程度上对企业的价值也具有深远的影响。周泽将和刘中燕（2016）则从本地任职这一独特视角研究独立董事对投资效率的影响，结果发现，独立董事本地任职提升了独立董事的监督作用，会使得企业的投资效率提升。但是，当独立董事存在政治关联、包含女性或者是上市公司为非国有属性时，独立董事本地任职对于企业投资效率的提升作用会显著降低。余明桂和宁莎莎（2016）认为独立董事的社交网络特征也会影响上市公司的投资效率。他们发现，独立董事社会网络构成的任职背景和时间非冗余性、网络密度等对于上市公司的非效率投资行为都具有抑制作用，而独立董事的社会网络规模对于上市公司的投资效率并没有显著的影响。

2.3 对文献的简要评述

现金股利政策、股价信息含量和资本配置效率都是公司金融研究领域的重要问题，并且对于每一个问题的研究都已经取得了大量的高质量研究成果，不仅在学术方面，而且在实践方面，都具有十分重要的参考价值和指导意义。本章重点回顾了上市公司的现金股利政策选择、股价信息含量和资本配置效率的影响因素方面的重要理论研究和经验研究成果，勾勒了相关领域的研究演变轨迹。

通过文献回顾可知，现有文献在探讨现金股利政策、股价信息含量和资本配置效率问题时，一个普遍的现象就是将三者分离开来，分别探讨各自的影响因素。而少有文献将三者联系起来，探讨三者相互之间的内在关系。虽然杨继伟和聂顺江（2010），以及袁知柱、吴粒和鞠晓峰（2012）等少数人的文献探讨了股价信息含量与资本配置效率的关系，王小泳、孔东民和李尚骜（2014），以及王茂林、何玉润和林慧婷（2014）等人的文献探讨了现金分红对企业投资效率的影响，但是，这些研究存在三个方面的不足：一是在探讨股价信息含量对资本配置效率的影响时，通常指的是证券市场的资本配置问题，而不是企业内部的资本配置问题，事实上，企业内部的资本配置效率问题，可能是大家更为关心的问题，而且对于该问题的研究具有直接的和现实的指导意义。二是在探讨现金分红对企业投资效率的影响时，主要是从信息不对称和委托代理等角度进行分析。显然，除了上述作用途径以外，现金股利政策可能还会通过其他途径对企业的投资效率产生影响，这些都是需要进行探讨的。三是现有文献在探讨股价信息含量对企业投资效率的影响，以及现金分红对企业投资效率的影响时，其研究结论往往是存在争议的，即一些文献持肯定态度，而另一些文献则持否定态度，因此需要更多的研究为其提供进一步的经验证据。

事实上，现金股利政策与股票市场投资者的投资行为会有很强的相关性，而股价信息含量的高低又取决于股票投资者的投资行为和搜寻公司信息的动机强弱，因此现金股利政策与股价信息含量之间具有内在的因果关系。而根据现有文献的结论可知，股价信息含量对于企业投资效率可能也具有影响。基于上述原因，本书认为有必要将现金股利政策、股价信息含量和企业投资效率三个问题纳入一个统一的理论框架进行探讨，厘清三者之间的相互关系。为此，本书将对现金股利政策如何影响股价信息含量，进而影响上市公司投资效率这一问题进行探讨，以期得到有价值的发现。

最后需要指出的是，在研究现金股利政策、股价信息含量和资本配置效率的影响因素时，一些文献认为变量之间的影响往往存在一些非线性关系，即具有区间效应。这也许能解释为什么不同的文献在研究相同的问题时往往会得出一些相反的结论，原因之一可能是由于采用不同样本进行分析，得到的是变量之间不同的相互影响，而不是同一区间的影响。而这一点并不是在所有文献中都进行了考虑，为此在本书的研究中，也需要充分考虑变量之间的这种非线性影响。

2.4 小结

文献研究表明，国外关于现金股利政策、股价信息含量和资本配置效率等问题的研究成果比较丰富，研究内容在不断向着更深的层次发展。而国内关于上述问题的研究，虽然也取得了一定的成果，但是在研究的内容和方法上缺乏一定的创新，研究的深入上也需要进一步提升。根据现有的研究不足和缺陷，本书提出了待研究的问题将集中在以下四个方面：一是现金股利政策对股价信息含量的影响；二是股价信息含量对上市公司投资效率的影响；三是现金股利政策对上市公司投资效率的总体影响及其影响机制分析；四是现金股利政策对股价信息含量、股价信息含量上市公司投资效率，以及现金股利政策对上市公司投资效率的影响的门槛特征。

3 经验事实与理论框架

对大量经验事实的观察是科学研究的起点，本章首先对上市公司股票现金分红、证券市场股票价格信息含量和上市公司投资效率等历史数据进行简单的回顾和对比分析，以期从错综复杂的经济数据中发现一些重要的经验规律或得到一些重要的启示。然后，在经验事实的基础之上，借助概念、判断、推理等逻辑思维方式揭示事物的本质，加深对现实的理解。本章剩余部分的结构如下：第一部分是对相关经验事实的描述，主要阐述了现金分红、股价信息含量和上市公司投资效率的历史走势和变量之间的相关关系；第二部分是对现金分红、股价信息含量和上市公司投资效率之间相互关系的一个理论解释，进而提出文本的基本研究框架；第三部分是本章的小结。

3.1 核心概念介绍

3.1.1 现金分红

现金分红是指以现金形式向股东发放股利，称为派股息或派息。从股票投资者的角度来说，其作用在于：①可以为投资者开拓投资渠道，扩大投资的选择范围，适应了投资者多样性的投资动机、交易动机和利益的需求，一般来说能为投资者提供获得较高收益的可能性。②可以增强投资的流动性和灵活性，有利于投资者股本的转让出售交易活动，使投资者随时可以将股票出售变现，收回投资资金。国外公司是重视回报股东的，而中国股市还是一个重融资轻回报的市场。在中国股市里融资才是第一位的，至于回不回报投资者，其实是一件无所谓的事情。在中国股市里，上市公司 5 年、8 年甚至十几年不回报投资者似乎也是正常的。

本书中，上市公司现金分红是用当年每股分红除以当年股价均值作为代理变量。其隐含的一个假设就是“股票投资者对于特定股票的投资行为是根据他（她）对该上市公司的现金分红的预期而决定的”。

事实上，股票投资者的投资行为也可能是根据上市公司的历史分红情况而决定的。因此，如果后一种情况成立，则用滞后一期的现金分红作为当期股价信息含量的解释变量可能更为合理。为了保证结论的可靠性，本书又估计了滞后一期的现金分红对当期股价信息含量的影响，结果显示，采用滞后一期的现金分红作为解释变量，其影响系数小于当期现金分红作为解释变量时的影响系数。这意味着股票市场股票投资者的投资动机和投资行为，以及股价信息含量，都主要是受当期现金分红的影响，说明相对于过去的现金分红，投资者更为关注的是现金分红预期。由此可见，本书采用当期现金分红作为解释变量的合理性。

3.1.2 股价信息含量

上市公司股票的价格由市场和行业层面的公共信息以及公司特定信息共同决定，其中公共信息与股票的基本价值无关，公司特定信息才是判断公司价值的主要依据。因此，股价信息含量主要是指股票价格反映公司价值的能力的大小。对于不同的公司，股价中包含的公司特定信息量是不同的。关于股价信息含量的测度方法较多，主要有股价波动非同步性测度指标、股票收益反映未来会计盈余信息能力指标、知情交易概率指标和私有信息交易量指标等方法。本书主要采用的是文献中常用的股价波动非同步性指标作为其代理变量。用股价波动非同步性作为股价信息含量的测量指标，其基本思路如下：因为股票收益波动主要是受到市场层面、行业层面和公司层面的冲击，其中市场层面和行业层面的冲击会使得上市公司的股价变动表现出同步性，因此股价波动的非同步性则代表了股票价格中所包含的公司层面的特质信息多少。

考虑到一些学者对于用股价波动非同步性指标作为股价信息含量的代理变量存在质疑，因此为了保证结论的可靠性，本部分又将“股票收益反映未来盈余信息的能力”作为对股价信息含量的测量指标。该方法假设股价的调整与上市公司预期盈余的调整是高度相关的，可以将当期的股票市场价值作为未来盈利水平的解释变量，当期股票收益对于上市公司未来盈余水平的解释能力便可以测度股价信息含量。

上述两种方法都验证了上市公司现金分红对于股价信息含量的影响。

3.1.3 企业投资效率

企业投资效率是指企业投资所取得的有效成果与所消耗或占用的投入额之

间的比率，也就是企业投资活动所得与所费、产出与投入的比例关系。具体而言，企业的投资效率表现在两个层面上：一是给定总投资水平，每一单位的投资的收益率高低；二是企业的投资水平是不是最优的投资水平。而在本书后续的研究中所涉及的企业投资效率，主要是指企业实际的投资水平是不是最优的投资水平。

本书用实际投资水平（$invest_{it}$）与预期理想的投资水平（$invest_{it}^{*}$）之间的差异作为衡量投资效率的标准，用“|新增投资-预期投资|/预期投资”作为上市公司投资效率的代理变量，显然该变量取值越接近于0，意味着上市公司的投资效率越高。本书同时对投资过度和投资不足进行了研究，用新增投资和预期投资之间的差额的绝对值“|新增投资-预期投资|”作为代理变量，如果新增投资大于预期投资，则定义为投资过度，如果新增投资小于预期投资，则定义为投资不足。由于预期理想的投资水平没有直接观测值，因此，本书参照杨继伟和聂顺江（2010）的做法，通过一系列指标回归得出投资的拟合值，并将其作为预期投资值，从而得出投资效率、投资过度和投资不足等变量相应的值。

鉴于用被解释变量的拟合值作为上市公司最优投资水平的代理变量，可能会引起严重的测量误差，从而引起参数估计结果的衰减偏误（向零偏误）。所以，本书在采用上述方法之外，针对这一问题提供一个稳健性检验：以行业平均的投资水平作为上市公司最优投资水平（预期投资）的代理变量，然后再按照前述方法构造投资效率、投资过度和投资不足等变量。使用第二种方法的参数估计结果显示，无论是从股价信息含量对企业投资效率的总体影响，还是投资效率对企业投资不足或企业投资过度的影响来看，影响系数在统计意义上都不是特别显著。但是，从股价信息含量对于企业投资效率的总体影响，或者是对于企业投资不足和企业投资过度的影响，影响系数在符号上都为负，说明股价信息含量的提升对于降低企业的无效率投资具有一定的积极作用，这和使用第一种方法的结论是一致的。

3.2 经验事实描述

本部分首先对股票现金分红、股价信息含量和上市公司投资效率之间的经验数据进行描述。由于股价信息含量和上市公司投资效率都是较为隐性的指标，无法直接观测获得，所以本部分在对其进行描述性分析时，数据均来自现有文献的研究成果。

3.2.1 上市公司现金分红

现金分红是股票投资者获取收益的一种途径，但是上市公司对于现金股利的支付意愿并不强烈。张跃文（2012）通过对2000—2010年具有完整财务记录的2 038家A股上市公司的现金分红情况进行研究就发现，在其研究样本中，2000年度实行现金分红的上市公司仅648家。正是鉴于中国上市公司长期以来不太重视股票的现金分红，证监会于2008年10月通过发布《关于修改上市公司现金分红若干规定的决定》这一半强制手段，对上市公司现金分红制度的安排做出了严格的规定。但是即便如此，到了2010年，在张跃文（2012）所选取的2 038家A股上市公司中也仅有1 258家上市公司进行了现金分红。2000—2010年，各年度进行现金分红的上市公司比例平均为55%左右。即使只考察当年存在盈利的上市公司的现金分红情况，2000—2010年各年度进行现金分红的上市公司比例也仅仅达到62%左右。不仅派发现金股利的上市公司比例偏低，而且派发现金股利的上市公司的股利支付率也相对偏低①，而且呈现出逐渐下降的趋势，2010年上市公司股利支付率仅仅为30.2%左右。如图3.1所示。

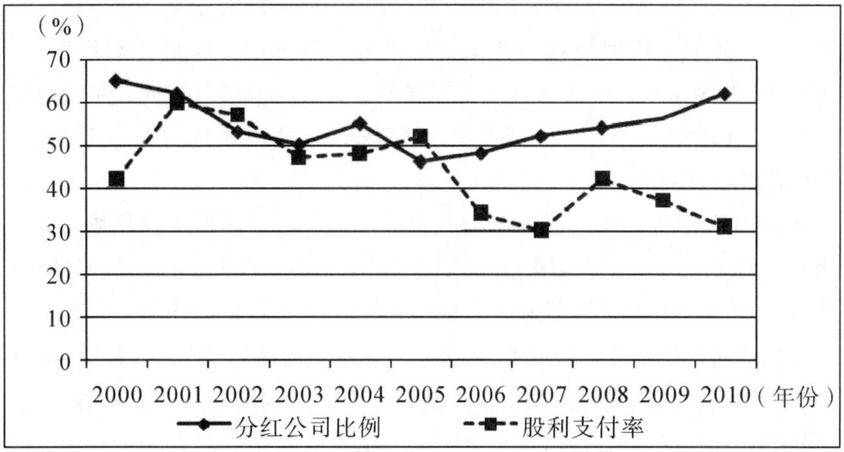

图3.1 上市公司历史现金分红状况

数据来源：张跃文（2012）的研究。

① 股利支付率计算公式为：现金股利/净利润。

事实上，除了现金分红比例和股利支付率较低以外，中国上市公司的现金分红还表现出持续性偏弱和现金分红集中化趋势等特征。首先，从上市公司的现金分红的持续性来看，根据张跃文（2012）的研究，2000—2010 年，在其研究样本中仅有 124 家上市公司实现了每年派发现金股利，占全样本公司的比例仅为 12.5%左右；与此同时，有 113 家上市公司在 2000—2010 年从未派发现金股利。2008 年发布《关于修改上市公司现金分红若干规定的决定》以来，这一现象略有改善。2008—2010 年，能够坚持每年派发现金股利的上市公司增加到 620 家，占到全部样本公司的 39%左右。其次，从上市公司现金分红的集中度来看，集中化趋势不断加强。2000 年，分红最多的 50 家上市公司的分红额度占到全部上市公司的 40.5%，到了 2010 年，这一比例则上升到了 77.2%。分红最多的 100 家上市公司的分红额度占到全部上市公司分红额度的比例则由 2000 年的 55.3%上升到了 2010 年的 84.2%。

3.2.2 股票价格信息含量

Carpenter、Lu 和 Whitelaw（2015）基于 Bai、Philippon 和 Savov（2013）构建的模型，用未来收益对当前市场股权价值和滞后收益（均用账面资产价值标准化）进行回归，实证分析了中国上市公司的股价信息含量水平，其研究结果如图 3.2 所示。从图 3.2 可知，尽管中国股市被看作是一个赌场，但是过去十多年改革使得股市运行逐渐转为良好，股价信息含量逐渐增加。Carpenter、Lu 和 Whitelaw（2015）的研究甚至认为与美国股市相比，中国股市毫不逊色。总体来看，近年来中国股票市场股价信息含量水平的变动具有如下的一些阶段性特征：

在 2001 年之前，中国股票市场的股价信息含量呈现出下降趋势。其主要原因是，1998—2001 年，中国股市的投机猖獗、会计造假、公然操纵股价等。1998 年，中国证监会通报普遍的市场操纵，公司价格经特殊处理、打压、飞涨。在此期间，哄抬股价也是常见现象。2000 年年末，中国股票的市盈率达到 70%，股价偏离基本面价值。会计造假同样是这个时期的严重问题。例如，在 2000 年早期，第一只价格超过 100 元的股票被证监会调查后，发现了严重会计造假，之后，又揭露了几起严重会计丑闻。2000 年年末，中国经济学家吴敬琏提出著名的“赌场理论”，认为中国的股票市场失去了资本配置的功能，牺牲散客和小股东的利益，为内幕交易者和投机者提供非法获利的平台。

2001—2007 年，中国股市的股价信息含量呈现出稳步提升的趋势。其主要原因在于，这一时期，中国加入世贸组织，特征是小股东的监管保护改进，会计透明度增加，审计质量提升，国有企业私有化和外国投资者可以直接投资A股。伴随外资持股增加、审计质量提升和股权集中度降低，中国股价同步性显著降低。2001年年末，证监会实施严格的退市制度来保护散客的利益。2002年，证监会批准合格境外投资者项目，外国机构投资者可以直接投资A股。野村证券和瑞银（UBS）开放式共同基金是前2个外国机构投资者。2004年，证监会制定9条全国规定来保护小股东利益，制止股价操纵，防止会计和审计造假。2006年，上海和深圳证券交易所引入保证金交易和卖空试点项目，在之后几年逐渐扩大试点。在监管政策、资本市场发展、会计和审计质量提高以及外资直接持有A股的联合作用下，中国股票市场的股价信息含量在此阶段不断提高。

2008—2010年，中国股市的股价信息含量呈现出震荡下跌的趋势。其主要原因可能是，2008年的美国次贷危机和随后的欧债危机等一系列金融危机的冲击，一方面导致盈利出现极端值，另一方面导致资本市场错位和不信任，因而最终破坏和削弱了中国股票市场的股价信息含量。

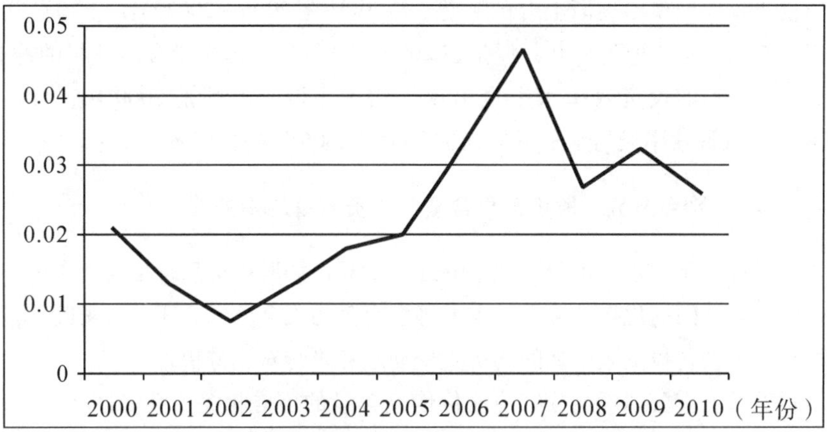

图3.2 上市公司股价的信息传递功能历史状况

数据来源：Carpenter、Lu和Whitelaw（2015）的研究。

3.2.3 上市公司投资效率

Carpenter、Lu和Whitelaw（2015）将公司投资效率定义为1单位非预期投资引起的股权价值的非预期变化值，然后进行实证分析，测量出了中国上市公司的投资效率水平。根据Carpenter、Lu和Whitelaw（2015）的研究结果，2000—2010年投资效益系数的时间序列变化如图3.3所示。

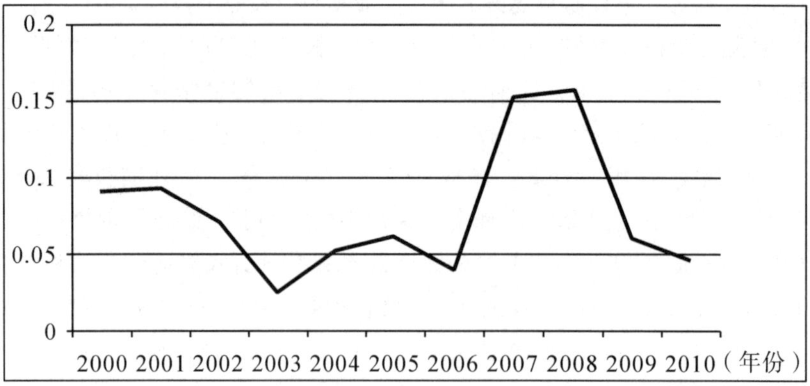

图 3.3　上市公司投资效率的历史状况

数据来源：Carpenter、Lu 和 Whitelaw（2015）的研究。

从图 3.3 可知，中国上市公司投资效率水平的变化趋势如下：在 2003 年以前，上市公司的投资效率呈现出逐渐降低的趋势；2003—2008 年，上市公司的投资效率呈现出逐渐上升的趋势，尤其是在 2006—2007 年，上市公司的投资效率出现了快速的提升；但是在 2009—2010 年，由于受金融危机的冲击，中国上市公司的投资效率水平也出现了快速下降，尤其是 2009 年，直接从 2008 年的投资效率最高水平下降到了 2004—2006 年的投资效率水平。

3.2.4　现金分红、股价信息含量与投资效率的相关性

为了进一步发现上市公司现金分红、证券市场股价信息含量与上市公司投资效率三者之间的规律性关系，本书将上市公司现金分红、证券市场股价信息含量与上市公司投资效率之间的历史变动趋势进行对比分析。

首先，上市公司现金分红与股价信息含量的历史相关关系如图 3.4 所示。从整体来看，在 2003 年以前，上市公司现金分红和股价信息含量表现出一定的负向关系，相关系数大约为-0.71。但是，从 2003 年开始，上市公司现金分红和股价信息含量就表现出明显的正向关系。尤其是在 2005 年以来，上市公司现金分红和股价信息含量的同向变化趋势更加明显，相关系数为 0.024 左右。因此，从历史数据来看，本书发现上市公司的现金分红对于其股价信息含量可能存在着某种内在的影响。

其次，股价信息含量与上市公司投资效率的历史相关关系如图 3.5 所示。从图 3.5 可以发现，在 2002 年以前和 2007 年以后，当股价信息含量下降的时候，上市公司的投资效率也随之下降；2003—2007 年，当股价信息含量上升

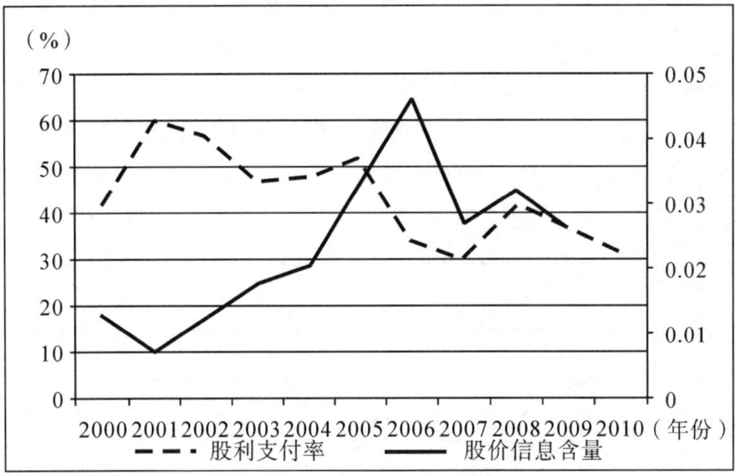

图 3.4　现金分红与股价信息含量的相关性

数据来源：张跃文（2012），以及 Carpenter、Lu 和 Whitelaw（2015）的研究。

的时候，上市公司的投资效率也随之上升。上市公司的投资效率与证券市场股价信息含量的高低是显著正相关的。具体而言，2000—2010 年，证券市场的股价信息含量和上市公司投资效率之间的相关系数为 0.43 左右。因此，从历史经验来看，股价信息含量和上市公司投资效率两者之间高度相关，且有着惊人相似的变动趋势，证券市场的股价信息含量可能是上市公司投资效率的重要影响因素。

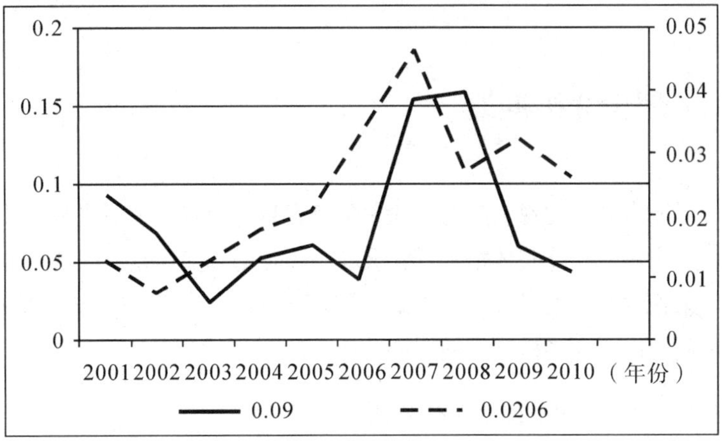

图 3.5　股价信息含量与上市公司投资效率的相关性

数据来源：Carpenter、Lu 和 Whitelaw（2015）的研究。

最后，上市公司现金分红与上市公司投资效率的历史相关关系如图 3.6 所示。从图 3.6 可以发现，除了 2006—2007 年，上市公司现金分红和上市公司投资效率两者之间表现出反向的变动关系以外，其余年度两者之间均存在明显的正相关关系。2000—2010 年，上市公司现金分红与上市公司投资效率的相关系数为 0.17 左右。因此，从历史经验来看，上市公司现金分红对上市公司投资效率也可能存在一定的正向影响。

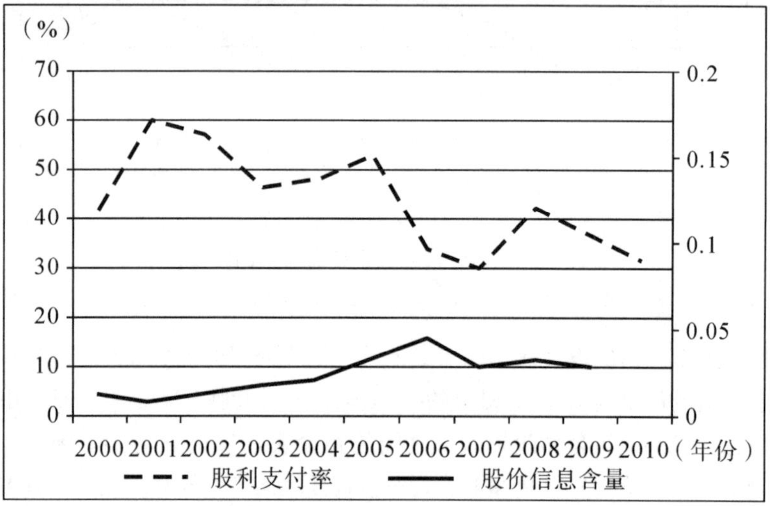

图 3.6　现金分红与上市公司投资效率的相关性

数据来源：张跃文（2012），以及 Carpenter、Lu 和 Whitelaw（2015）的研究。

3.3　理论分析框架

通过对上市公司的现金分红、股价信息含量与投资效率历史相关关系的描述可知，三者之间在经验数据上存在着较为稳定的相关关系，因此三者之间可能存在着某种内在的逻辑关系。对此，本部分试图在一个统一的逻辑框架下，对三者之间的内在联系做一个简明的分析。

3.3.1　企业现金分红与股价信息含量

股价信息含量的高低取决于股票投资者在进行股票交易决策时是否关注上市公司的经营业绩等信息。而股票投资是否会关注上市公司的基本信息，又取决于股票投资者在股票市场上所依赖的股票收益获取方式：如果股票投资者主要依靠股票买卖差价获得收益，那么股票投资者无须关注公司层面信息，只需要关注市场上众多股票投资者的心理活动即可；如果股票投资者主要是依靠上市公司从盈利所得中派发的现金分红来获得收益，那么股票投资者就会关注公司层面的信息。因此，上市公司的现金分红高低决定了股票投资者获得收益的主要方式，以及股票市场上投资者与投机者的构成，这也就决定了股市参与者是否关注公司层面的基本信息，进而决定了上市公司的股价信息含量。

3.3.2 股价信息含量与企业投资效率

上市公司投资效率在一定程度上要取决于上市公司管理者所掌握的与本公司投资相关的各种信息。由于人是有限理性的，上市公司管理者并不一定能掌握所有的重要信息。而股票市场的众多参与者所掌握的一些信息则可能是上市公司管理者进行投资决策所需要的而又没有掌握的信息。因此，股票投资者通过股票交易而使得股票价格反映出股票投资者对上市公司未来经营情况的判断，可以为上市公司管理者在制定投资决策时提供一定的参考。鉴于此，本书认为上市公司的股票价格中所包含的信息含量多少对于上市公司的投资效率可能具有一定的促进作用。事实上，Hayek（1945）、Fama（1970），以及Durnev、Morck和Yeung（2004）的研究就指出："股票价格信息含量更高的话，公司资本投资效益更大。"

3.3.3 现金分红与上市公司投资效率

通过上述分析，本书认为现金分红对于上市公司的投资效率可能是存在正向影响的。当然，本书重点强调的是上市公司现金分红通过影响股价信息含量而进一步影响上市公司的投资效率。除此之外，现金分红对于投资效率是存在其他影响机制的，然而这并不是本书关注的重点。由于现金分红可能影响上市公司的投资效率，所以上市公司出于增强股价信息含量而提升投资效率的考虑，可能会内生地选择其现金分红水平。由于对这一内生选择问题的研究具有一定的复杂性，本书也没有着重研究，仅仅分析现金分红对于上市公司投资效率的单向影响。

综上所述，本书的理论逻辑如图3.7所示。本书将围绕这一逻辑，重点研究现金分红对股价信息含量，进而对企业投资效率的影响。

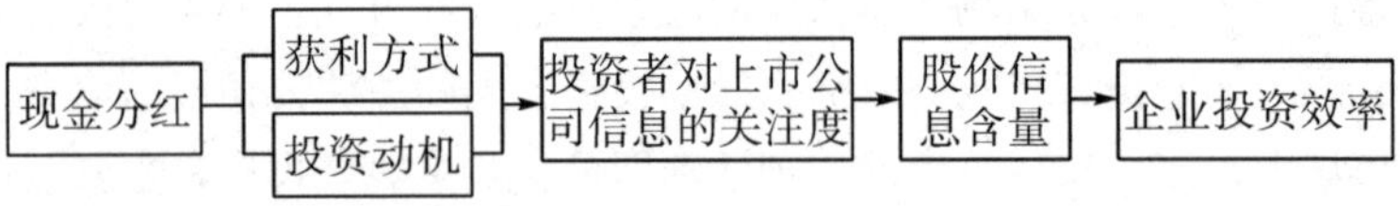

图 3.7　本书的基本理论逻辑

3.4　小结

本章通过对历史经验数据的观察发现，现金分红、股价信息含量和上市公司投资效率之间的相关性很强，然后在此基础上提出了本书的基本观点，认为现金分红会对股价信息含量具有正向的影响，而股价信息含量对于上市公司的投资效率又具有正向的影响，因此现金分红对于上市公司的投资效率也具有正向影响。正是基于这样的一个逻辑，本书后续章节将围绕每一个论题分别展开深入细致的研究。需要特别指出的是，本书在提出现金分红、股价信息含量和上市公司投资效率的理论逻辑时，为了表达上的简洁明了，只是阐述了本书所关注的变量之间的内在关系，而没有对其以外的影响因素和作用机制进行论述，但是并不意味着这些因素不重要。本书在后续的研究中，正是考虑到其他作用机制的同时存在，所以采用了各种研究手段以尽可能准确地识别出本书所关注的变量之间的因果关系和作用机制。

4 现金分红对股价信息含量的影响

虽然股利分配作为公司金融领域的重要问题，一直是理论界和实务界关注的焦点，但是这些经典文献多数是在探讨决定上市公司股利策略的潜在原因，而鲜有文献探讨上市公司股利策略对于股市运行的现实后果。加之对于上市公司各种股利策略原因的研究对股利分配问题，比如上市公司是否应该分配以及如何分配现金股利等问题并没有完全达成共识。正如 Black（1976）所说，股利问题像是一个谜，不存在一个理论能统一解释。因此，相关部门应该如何监管和规范上市公司的股利分配也需要足够的经验证据。鉴于此，本书从股利分配方式与股票交易者市场行为的视角来探讨现金股利分配对于股市投机和股价信息含量的影响，以期得到有益的研究结论。本章内容的结构安排如下：第一部分通过理论分析，进而提出本书的研究命题；第二部分对研究方法以及数据进行介绍；第三部分基于公司层面的微观数据检验了现金股利分配对于股市参与者行为和股价信息含量的影响；第四部分是稳健性检验；第五部分是研究结论和相关启示。

4.1 理论分析与研究假说

4.1.1 理论分析

在股票市场上，股票投资者通常可以通过三个途径获得投资收益：一是上市公司将部分利润以现金股利的形式支付给股东，二是上市公司将利润作为留存收益继续用于扩大再生产以实现每股资产的增值，三是股票持有者在股票流通市场上通过股票的买卖差价获得收益。虽然前两种收益方式都是股票投资者从上市公司获取投资收益的可能途径，但是无论是从上市公司的治理来看（Bhattachary，1979；Jensen & Meckling，1976；Easterbrook，1984；Jensen，1986），还是从股票投资者的偏好来看（Lintner，1956；Gordon，1959；

Shefrin & Statman，1984），现金分红才是股票投资者从上市公司获取投资收益最直接和最稳定的方式。因此，股票投资最常见的收益方式就是上市公司现金分红和股票买卖差价。

通常而言，上市公司的现金分红来源于公司利润，与公司的经营绩效高度相关，其面临的不确定性相对较小；而股票的买卖差价，既受到公司经营绩效等真实冲击的影响，也受到各种虚假冲击的影响，具有较大的不确定性。作为股票投资者，持有股票的主要动机就是获取收益，实现期望效用最大化。当上市公司选择不同的现金股利策略时，股票投资者必然会根据自身风险偏好程度、可选投资收益方式的预期收益高低以及风险大小做出不同的市场反应。对于那些风险规避的投资者而言，他们更加偏好于现金分红这一收益方式，只要上市公司的现金分红足够高，他们就会持有股票；而对于那些风险偏好的投机者而言，他们往往更加偏好于股票买卖差价这一收益方式，并不在乎上市公司的现金分红。因此，上市公司的现金股利政策会对股票市场参与者的行为和参与者构成产生影响，进而影响股票市场的功能效率。

上市公司的现金股利政策至少会通过两个机制对股市参与者产生影响：一是改变股市参与者的行为，二是改变股市参与者的结构。当上市公司减少现金股利分配时，股市参与者就不得不将获取收益的方式从现金分红转向股票买卖差价，因而对股市参与者的投机动机产生一个正向的激励。同时，对于那些依靠现金分红获得收益的参与者而言，持有股票不再有利可图，因而最终进入股市的将是风险偏好程度较高的投机者。综合上述两点，本书认为上市公司减少现金分红会强化股票市场上股票投资者的非理性投机行为。反之，当上市公司现金股利分配足够高时，股市参与者长期持有股票获得现金分红是最优选择，投资者行为趋于理性化，便会弱化股市的投机功能。

进一步地，股票投资者的市场行为与股票价格信息含量之间存在紧密的联系，因而上市公司的现金股利政策也会对股票的信息含量产生影响。一般而言，股票价格包含有市场、行业和公司三个层面的信息（Campbell & Lettau，1999）。其中，公司层面的信息才是判断股票内在价值和引导资本合理配置的主要依据。如果上市公司重视现金分红，股票持有者能够直接分享公司利润，并将现金分红作为主要的收益来源时，股票投资者就会关注公司层面的信息。正如 Pastor 和 Veronesi（2003）就发现，现金股利的分配有利于提高投资者对公司层面信息的“认知学习能力”，如此，就会使得股票价格体现公司层面的真实信息。反之，如果上市公司不注重现金分红，股票持有者以股票买卖差价实现投资收益时，由于股价的波动性，投资者就会特别关注股价的短期变化，而不在乎长期情况，那么股票投资者就会忽视公司层面的相关信息，盲目追逐市场中的各种“消息”。而短期操作的投机行为会使得股价偏离内在价值，比如股市上的羊群效应、选美理论等都意味着股票的价格在背离其真实价值。因而，此时股票价格的高低并不能反映公司层面的真实信息，其信息含量相对较低。

上述逻辑关系可以用如图 4.1 所示的图形表示：

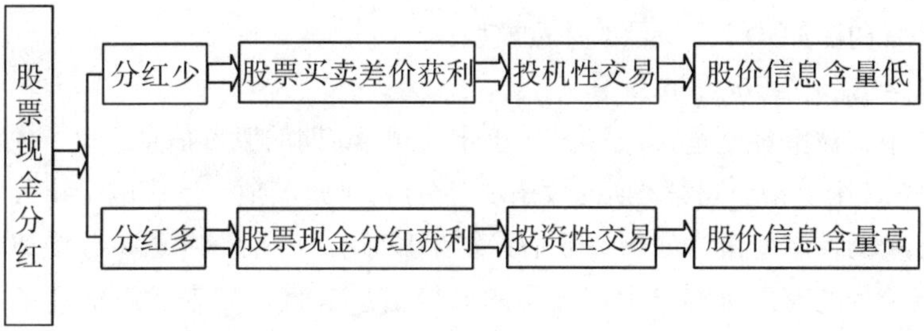

图 4.1　现金分红影响股价信息含量的作用机制

4.1.2　待检验假说

通过上述理论分析可知，如果上市公司的现金分红过低，那么股票投资的收益方式的变化会将投资性的股市参与者排挤出市场，而整个市场充斥着投机性的股市参与者，因此股市的投机性或者是赌博性就更强。同时，投机性的股市参与者并不关心公司基本面的信息，而是关心如何低价买进、高价卖出，从中套利，因此其股票价格中所包含的企业层面的信息含量就低。由此，本书提出待检验的四个研究假说。

待检验假说 1：提高现金分红能够有效地降低股票市场的投机行为。

待检验假说 2：股票市场的投机行为显著地降低了股价的信息含量。

待检验假说 3：股市投机是现金分红影响股价信息含量的重要途径。

待检验假说 4：提高上市公司的现金分红可以提高其股价信息含量。

其中，待检验假说 4 是上市公司股票现金分红对股价信息含量的总体影响，待检验假说 1、2、3 是上市公司股票现金分红对股价信息含量产生影响的作用机制。

4.2 研究设计

4.2.1 计量模型构建

首先，为了研究上市公司的股票现金分红是否会对股价信息含量产生影响，本章构建如式 4.1 所示的计量模型：

$$pi_{it} = \beta_0 + \beta_1 div_{it} + \delta x + \varepsilon_{it} \tag{4.1}$$

其中，被解释变量 pi_{it} 是第 i 个上市公司第 t 期的股价信息含量，关注变量 div_{it} 是第 i 个上市公司第 t 期的股票现金分红，x 是其他一些影响上市公司股价信息含量的控制变量。如果参数估计结果显示 β_1 为正，则意味着增加上市公司的现金分红有助于提升上市公司的股价信息含量；如果参数估计结果显示 β_1 接近于零且系数不显著，则意味着上市公司的现金分红对于股价信息含量没有影响。

其次，在式 4.1 的研究基础上，进一步研究上市公司现金分红影响股价信息含量的作用机制。如果“上市公司股票现金分红影响股市参与者的投资或投机行为，进而影响股价信息含量”这一作用机制成立，那么上市公司现金分红对于股市参与者的股票投机行为应该存在一定的影响。因此，构建如式 4.2 所示的计量模型对此进行验证：

$$spe_{it} = \beta_0 + \beta_1 div_{it} + \delta x + \varepsilon_{it} \tag{4.2}$$

式 4.2 中的被解释变量 spe_{it} 是第 i 个上市公司第 t 期的市场投机情况，关注变量是股票现金分红，x 是其他一些影响上市公司股票买卖投机的控制变量。如果参数估计结果显示 β_1 显著为负，则意味着上市公司增加现金分红比例，能够有效降低证券市场参与者对其公司股票的投机性交易。

同时，股市参与者对于上市公司股票的投机性交易应该对其股价信息含量产生影响。因此，构建如式 4.3 所示的计量模型对此进行验证：

$$pi_{it} = \beta_0 + \beta_1 spe_{it} + \delta x + \varepsilon_{it} \tag{4.3}$$

式 4.3 中的被解释变量是股价信息含量，关注变量是市场投机。如果参数估计结果显示 β_1 显著为负，则意味着证券市场参与者对上市公司股票的投机性交易越多，该公司股票的股价信息含量就会显著降低。

如果式 4.2 和式 4.3 的参数估计都显著，则说明“上市公司股票现金分红影响股市参与者的投资或投机行为，进而影响股价信息含量”这一作用机制确实成立。但是，这还不能说明股市参与者的投机性交易能在多大程度上解释上市公司现金分红对股价信息含量的影响。为此，本书构建如式 4.4 所示的计量模型对此进行检验：

$$pi_{it} = \beta_0 + \beta_1 div_{it} + \beta_2 spe_{it} + \delta x + \varepsilon_{it} \tag{4.4}$$

如果“股市参与者的投机性交易”是上市公司现金分红影响股价信息含量的作用机制，那么式 4.4 与式 4.1 相比，在解释变量中控制了“股市参与者的投机性交易”这一因素以后，上市公司现金分红这一因素对于股价信息含量的影响就会减弱。具体而言，控制了“股市参与者的投机性交易”这一因素后，如果上市公司现金分红的系数趋于零且不显著，则说明“股市参与者的投机性交易”是上市公司现金分红影响股价信息含量的主要作用机制；如果上市公司现金分红的系数变小但不为零，则说明“股市参与者的投机性交易”是上市公司现金分红影响股价信息含量的重要作用机制，但不是唯一作用机制。

4.2.2 变量选取说明

本书的被解释变量主要是上市公司的股价信息含量。关于股价信息含量的测度主要有股价波动非同步性测度指标、股票收益反映未来会计盈余信息能力指标、知情交易概率指标和私有信息交易量指标等方法。其中，Roll（1988）提出的股价波动非同步性指标被认为是最重要的测量方法。对于股价波动非同步性的信息内涵，一些专家提出了质疑。例如，West（1988）就指出，如果公司层面的收益波动幅度太大，股价波动中包含的噪声因素就会增多，进而股票价格反映公司层面特质信息的能力也就越弱。除此之外，Barbeis 和 Shleifer（2003），Barberis、Shlerfer 和 Wurgler（2005），Andrade（2005）和 Greenwood（2008）等人的文献指出，当股价共同波动反映的是风格投资行为、套利者的有限风险承受能力、投资者偏好等情况时，股票价格中也不会包含公司层面的特质信息。但是，针对这些质疑，一些学者也为“用股价波动非同步性作为股价信息含量的有效测度指标”提供了理论支撑。例如，Veldkamp（2006）通过理论模型证明了“股价波动非同步性与投资者创造的公司层面信息量的正相关性假设”。

用股价波动非同步性作为股价信息含量的测量指标，其基本思路如下：因为股票收益波动主要是受到市场层面、行业层面和公司层面的冲击，其中市场层面和行业层面的冲击会使得上市公司的股价变动表现出同步性，因此股价波动的非同步性则代表了股票价格中所包含的公司层面的特质信息多少。该指标的具体构造过程如下。首先，构建如式 4.5 所示的计量模型：

$$return_{it} = \alpha + \alpha_1 return_{mt} + \alpha_1 return_{jt} + \varepsilon \quad (4.5)$$

其中，$return_{it}$ 是第 i 个上市公司第 t 期的股票收益率，$return_{mt}$ 是证券市场第 t 期的股票收益率，本书用沪深两市的综合指数收益率作为代理变量，$return_{jt}$ 是第 j 个行业第 t 期的股票收益率，残差项 ε 则反应的就是股票收益中不能被市场和行业冲击所解释的公司层面的因素。式 4.5 的拟合优度 R^2 越大，则意味着上市公司的股票价格主要反应的是市场和行业层面的信息，即股票价格的信息含量越低。现有文献主要是参照 Morck 等人（2000）的做法，将式 4.5 的拟合优度 R^2 进行如式 4.6 所示的对数转化：

$$pi = \ln(1 + \frac{1 - R^2}{R^2}) \quad (4.6)$$

其中，pi 即为股价信息含量，式 4.5 的拟合优度越小，即上市公司的股价收益反应的公司层面的信息越多，则式 4.6 中的 pi 的取值越大。

考虑到本书需要对每一只股票每一年的股价信息含量都做一个测量，因此上述方法不太适用。本书主要使用残差项 ε 与股票收益率的比值绝对数的对数作为股价信息含量的代理变量。如式 4.7 所示：

$$pi_{it} = \ln(\frac{\varepsilon_{it}}{return_{it}}) \quad (4.7)$$

本书的关注变量是上市公司的现金分红和股市投机两个变量。其中，上市公司现金分红是用当年每股分红除以当年股价均值作为代理变量。股票市场是否投机主要由股票换手率、市盈率以及股指波幅三个指标来衡量（赵祥功，2002），本章中股市投机用的是公司股票的换手率作为代理变量。如果股市上股票市值稳定增长，存在长期投资机制，风险规避的投资者则愿意长期持有上市公司的股票。反之，如果是一个充满了投机的股市，股票价格将大起大落，上市公司的资产增值将不再是引起投资者进入股市的主要动力，而在股票买卖差价中获取暴利将成为投资者参与股市的诱因。而且，由于搞投机的股市中，上市公司的股票价格不可能长期持续增长，而是在“如何暴涨就如何暴跌”的往复循环中交替变动。精明的投机者就会不断在低价时买进，在高价时抛售。因此作为投机性的股市，股市缺乏投资价值，一个重要的特征就是股票换手率特别高。而且，冯永欢（2002）、李捷瑜（2008）和王杰（2013）等人的文献都广泛采用了“将股票换手率作为股市投机的代理变量”这一做法。所以，本章选用股票换手率作为股市投机的代理变量具有一定的理论支撑和合理性。

式 4.1、式 4.3 和式 4.4 中的控制变量主要包括：①公司规模。公司规模的大小在很大程度上会影响其股价反映公司层面信息的能力，因为公司规模越小，股市参与者对公司层面信息做出的股票交易反应对于该公司股价波动的影响越大。②资产负债率。公司的资产负债率代表了公司的财务风险，在不同的财务风险下，不同风险态度的投资和对其偏好程度也就可能有所差异，因而其股票的投机性行为存在差异。所以，资产负债率也可能是影响股价信息含量的一个因素。③公司成长机会。上市公司不同的成长机会意味着不同的投资风险，因而也可能是影响股价信息含量的因素之一。上市公司的成长机会，本章选取了“账面市值比”作为代理变量，具体计算公式为“期末账面净资产/股票市值”。④公司股票上市年限。投资者对于上市公司盈利能力知识的学习过程是影响上市公司股价信息含量的因素，而公司股票上市年限有时是影响投资者学习公司盈利能力知识的，所以公司的上市年限对于股价信息含量也可能有一定的影响。

式 4.2 的控制变量主要包括：①资产负债率。公司的资产负债率代表了公司的财务风险，因而会对投资其股票的股市参与者的风险态度有所影响，进而影响证券市场参与者对该公司股票的投机程度。②公司成长机会。上市公司不同的成长机会意味着不同的投资风险，也会影响其股票投资者的风险偏好类型，进而影响证券市场参与者对该公司股票的投机程度。

本章中主要变量的解释说明见表 4.1。

表 4.1　　本章主要变量的解释说明

变量	详细说明
股价信息含量	由式 4.7 计算得到
资产负债率	负债总额/资产总额
上市的年份	上市的年份
企业规模	企业总资产账面价值
股票收益率	企业股票的年度收益率
证券市场的收益率	分别用沪深两市的综合指数收益率作为代理变量
行业的收益率	该数据直接采用 Wind 数据库中的行业收益率
公司年度现金分红	上市公司年度现金分红
股票换手率	每只股票年均的换手率
公司资产收益率	资产收益率=净利润/总资产总额

4.2.3 数据来源介绍

本书选取了沪深两市 A 股上市的 1 674 家公司 2004—2015 年公司层面的面板数据进行分析，主要包括材料、电信服务、工业、公用事业、金融、可选消费、能源、日常消费、信息技术和医疗保健等几个行业。本书的所有数据均来源于 Wind 金融数据库。为了消除极端值的影响，保证参数估计结果的准确可靠性，对主要连续变量剔除 1% 和 99% 分位数之外的观测值。同时，剔除了样本期间存在财务数据缺失的上市公司。最终用于回归分析的上市公司样本一共有 20 088 个，其中材料、电信服务、工业、公用事业、金融、可选消费、能源、日常消费、信息技术和医疗保健行业分别有 3 516 个、24 个、4 524个、1 152 个、2 304 个、3 660 个、636 个、1 536 个、1 596 个和 1 140 个。

主要变量的描述性统计如表 4.2 所示。沪深两市 A 股上市公司的股价信息含量均值为 0.8，但是公司之间的股价信息含量差异较大，标准差达到 0.76 左右。上市公司的股票分红率最高的能达到 86%左右，还有大部分公司的分红为 0，平均来看，分红率均值仅仅约 0.8 个百分点，这意味着上市公司的股票分红普遍较低。股票市场的换手率较高，均值为 2.5%，标准差为 2.3，换手率最高能达到 86%，这意味着股票市场的投机性较强。上市公司的资产总值的对数均值约为 22，方差为 1.63，说明公司之间的规模具有一定的差异，而且对于一些公司而言，这种差异还比较悬殊。上市公司的资产负债率普遍较高，资产负债率的均值约为 71%。从成长机会来看，“期末账面净资产/股票市值”的均值为-95%。上市年限最长的公司为 25 年，均值约为 9 年。

表 4.2 **本章主要变量的描述性统计**

变量	均值	标准差	最小值	最大值
股价信息含量	0. 800 491	0. 754 819	6. 310 283	6. 605 855
现金分红	0. 806 72	2. 320 876	0	85. 620 06
股票换手率	2. 536 989	2. 339 664	0. 001 9	85. 675 5
总资产对数值	21. 943 39	1. 630 302	10. 842 2	30. 731 56
资产负债率	70. 965 15	782. 270 7	0	101 319. 6
成长机会	-95. 075 8	215. 100 2	-12 585. 1	0. 126 963
上市年限	9. 102 151	7. 536 065	1	25

4.3 参数估计及结果分析

4.3.1 估计方法

本章采用的面板数据进行分析，如果对于式4.1、式4.2、式4.3和式4.4直接进行最小二乘回归，可能会因为每个上市公司存在不可观测的异质性问题而使得模型中的扰动项与关注变量相关，从而引起内生性问题，以至于最小二乘估计的结果有偏且不一致，且存在异方差问题。因为不可观测的个体异质性无法找到代理变量，所以就进入了模型的扰动项。

对于面板数据，常用的估计方法有随机效应和固定效应两种模型。其中，随机效应模型是假设个体异质性与解释变量不相关，不用担心模型的内生性，但是会存在异方差问题，只需要通过采用加权的方式对方差进行修正便可以得到有效的估计。固定效应模型是假设不可观测的个体异质性与解释变量相关，因而解释变量就会与扰动项相关，存在内生性问题。根据固定效应模型的思想，如果上市公司不可观测的个体异质性是不随时间而变化的，那么可以通过对式4.1、式4.2、式4.3和式4.4中所有变量进行一阶差分变换或者是组内除均值变换，便可以从模型中消除掉不可观测的个体异质性的影响，从而克服了此类内生性问题。

固定效应模型和随机效应模型相比，在个体异质性与扰动项相关的情况下，固定效应模型得到的参数估计量是一致估计量，而随机效应模型得到的估计量是有偏且不一致的；在个体异质性与扰动项不相关的情况下，随机效应模型比固定效应模型得到的估计量更加有效。因此，对于面板数据，到底是采用随机效应模型，还是采用固定效应模型，需要根据对“个体异质性是否与扰动项相关”这一事实的判定来决定。

本书采用Hausman检验来确定是采用随机效应模型进行估计，还是采用固定效应模型进行估计。Hausman检验的基本思想如下：如果不可观测且不随时间变化的个体异质性和扰动项不相关，那么无论是采用随机效应模型，还是采用固定效应模型，其估计结果都是无偏的，即两者的结果是非常接近的；如果不可观测且不随时间变化的个体异质性和扰动项相关，那么采用固定效应模型估计得到的结果是一致的，而采用随机效应模型估计得到的结果就是不一致的，即两者的结果会存在差异。因此，如果随机效应模型和固定效应模型的参数估计结果存在显著差异，则表明模型存在内生性问题，应该采用个体固定效应模型，如果随机效应模型和固定效应模型的参数估计结果不存在显著差异，则说明内生性问题不严重，可以采用随机效应模型。对于式 4. 1、式 4. 2、式 4. 3 和式 4. 4，Hausman 检验都显著拒绝原假设，即认为应该采用固定效应模型进行估计，如表 4. 3 所示。

表 4. 3　　固定效应和随机效应检验

计量方程	Chi2 统计量［P 值］	结论
式 4. 1	40. 02［0. 000 0］	固定效应
式 4. 2	9. 03［0. 028 9］	固定效应
式 4. 3	28. 56［0. 000 0］	固定效应
式 4. 4	64. 17［0. 000 0］	固定效应

4. 3. 2　参数估计结果

首先，对式 4. 1 进行回归分析，以检验上市公司的现金分红对于其股价信息含量的总体影响。作为参照对比，本书同时报告了固定效应模型、随机效应模型和混合效应模型的估计结果。同时，考虑到模型中可能存在异方差问题，本书采用的是异方差稳健标准差。

参数估计结果如表 4. 4 所示。从固定效应估计结果来看，上市公司的股票现金分红对于公司股票的股价信息含量确实具有显著的正向影响，现金分红每提高一个百分点，公司股票的股价信息含量大约上升 0. 034 个单位。公司的规模对于公司股票的股价信息含量具有负向的影响，且十分显著，公司规模每扩大一个百分点，股价信息含量将降低约 0. 035 个单位。资产负债率对于股价信息含量的影响为负但不显著。成长机会对于股价信息含量的影响为正，也不显著。上市年限对于股价信息含量具有正向影响，且在 5%的显著性水平上统计显著，具体而言，上市年限每增加一年，股价信息含量将提高约 0. 004 个单位。从随机效应和混合效应回归结果来看，参数估计的系数大小和显著性水平完全一致。与固定效应的估计结果相比，随机效应和混合效应回归结果与之存在一定的差异，但是并没有推翻由固定效应估计结果得到的相关结论。随机效应和混合效应回归结果也显示现金分红对于股价信息含量具有正向的影响，但是影响系数相对较小，大约为固定效应估计结果的一半，但也在 1%的显著性水平上统计显著。对于其他控制变量的估计，随机效应和混合效应回归结果与固定效应的估计也基本一致，虽然对于资产负债率的系数估计在符号上相反，但是采用不同模型进行估计所得到的资产负债率对股价信息含量的影响均不显著。

表 4.4　　现金分红对股价信息含量的总体影响

	固定效应	随机效应	混合效应
现金分红	0.034 1***	0.017 0***	0.017 0***
	(7.35)	(5.54)	(6.27)
公司规模	−0.034 8***	−0.015 5***	−0.015 5***
	(−3.21)	(−3.92)	(−3.80)
资产负债率	−0.000 001 51	0.000 001 45	0.000 001 45
	(−0.57)	(0.52)	(0.47)
成长机会	0.000 057 6	0.000 044 9*	0.000 044 9*
	(1.19)	(1.84)	(1.91)
上市年限	0.004 38**	−0.001 27	−0.001 27
	(2.10)	(−1.20)	(−1.13)
截距项	1.478***	1.144***	1.144***
	(6.63)	(13.44)	(12.78)

注：括号内为 t 统计量，* $p<0.1$，** $p<0.05$，*** $p<0.01$。

其次，对式 4.2、式 4.3 和式 4.4 进行回归分析，以检验上市公司的现金分红对其股价信息含量产生影响的作用机制。为了克服个体异质性引起的内生性问题，对式 4.2、式 4.3 和式 4.4 均采用固定效应模型进行回归。同时，采用异方差稳健标准差克服模型中可能存在的异方差问题。

参数估计结果如表 4.5 所示。第一列显示了对式 4.2 的估计结果，上市公司现金分红比例每上升 1 个百分点，公司股票的换手率就会降低约 0.07 个百分点，且在 1%的显著性水平上统计显著，表明上市公司的现金分红会对其公司股票的投机操作具有一定的抑制作用。资产负债率和成长机会对于股票换手率却表现出正向的影响，即资产负债率越高、成长机会越高，股票换手率也就越高。第二列显示了对式 4.3 的估计结果，股票换手率每增长 1 个百分点，上市公司的股价信息含量就会降低 0.024 个百分点，且在 1%的显著性水平上统计显著，这表明股市投机对于股价信息含量确实存在负向的影响。第三列显示了对式 4.4 的估计结果，在控制了股票换手率这一变量后，虽然上市公司现金分红对于股价信息含量的影响系数依然显著为正，但是系数大小由 0.034 下降到了 0. 016，下降幅度为 50%左右。

表 4. 5 现金分红对股价信息含量的作用机制

被解释变量	股票换手率	股价信息含量	股价信息含量
现金分红	−0. 070 3***		0. 015 5***
	(−5. 42)		(5. 23)
资产负债率	0. 000 032 7	−0. 000 000 807	−0. 000 000 909
	(1. 52)	(−0. 30)	(−0. 34)
成长机会	0. 001 85**	0. 000 000 643	−0. 000 016 6
	(2. 25)	(0. 02)	(−0. 44)
股票换手率		−0. 024 0***	−0. 022 4***
		(−4. 56)	(−4. 34)
公司规模		−0. 033 6***	−0. 036 1***
		(−3. 09)	(−3. 35)
上市年限		0. 003 27	0. 004 47**
		(1. 57)	(2. 15)
截距项	2. 776***	1. 560***	1. 566***
	(35. 00)	(6. 94)	(7. 03)

注：括号内为 t 统计量，* $p<0.1$，** $p<0.05$，*** $p<0.01$。

4. 3. 3 结果分析

本书关注的是上市公司现金分红对股价信息含量的影响及其影响机制。首先，对于式 4. 1 的回归结果表明，上市公司现金分红对于股价信息含量确实存在正向的影响，这和本书的理论假说完全一致。其次，通过对股市投机这一作用机制进行分析，结果发现现金分红能够弱化股市的投机行为，进而提升股票价格的信息含量，这也是完全符合本书的理论逻辑的。因为上市公司的现金分红越高，股市投资者对股票进行投机性买卖的机会成本越高，因而对于投机行为具有抑制作用。而股市投机行为的弱化，会使得股票市场由交易市场向价值发现市场转变，股市投资者进行股票投资时会更加关注公司的未来盈利能力等信息，进而将这些私有信息反映到股票价格中。需要指出的是，虽然本书强调“弱化股市投机”是上市公司现金分红影响股价信息含量的重要作用机制，但是并不意味着这就是唯一机制。通过对比式 4.1 和式 4.4 的回归结果可知，现金分红对股价信息含量产生影响，百分之五十的贡献来源于现金分红弱化了股市投机，还有大约百分之五十的影响是由其他机制发挥作用的结果。

本书对控制变量的估计也具有合理的经济含义。根据表 4.4 和表 4.5 可知：公司规模对于股价信息含量的影响为负，这意味着公司规模越大，单个投资者对于股价的影响能力越弱，因而股价对于企业信息的反应越弱。资产负债率对于股价信息含量的影响为负，是因为公司的负债水平越高，企业的经营风险越大，因而对其进行价值投资的吸引力越小，股市投资者对其股票进行投机性交易的可能性增大，从而弱化了股价和公司层面信息的联系，这一点可以由资产负债率对于股票换手率的影响为正得到说明。成长机会对于股价信息含量的影响为正，这也是符合逻辑的，因为越具有成长机会，投资者对其进行价值投资的动机越强，因而股价也就会反应更多的公司层面信息。上市年限对于股价信息含量具有正向的影响，这是因为股票市场的投资者对于上市公司信息的学习是需要时间的，上市年限越长，意味着股票投资者对其公司层面的信息越有充足的时间学习和了解，因而股价信息含量也就越高，对于刚上市的公司，即使投资者想了解公司层面的信息，但可能因为时间太短，而没有特别深入的了解。

4.4 稳健性检验 I

4.4.1 稳健性检验方法

考虑到一些学者对于用股价波动的非同步性指标作为股价信息含量的代理变量存在质疑，因此为了保证结论的可靠性，本部分又将“股票收益反映未来盈余信息的能力”作为对股价信息含量的测量，进一步验证上市公司现金分红对于股价信息含量的影响。

Collins、Kothari、Shanken 和 Sloan（1994）提出用股票收益反映未来盈余信息的能力作为对股价信息含量的测量指标后，该方法在 Barbeis 和 Shleifer（2003），以及 Bai、Philippon 和 Savov（2014）等人的文献中得到了广泛应用。该方法假设股价的调整与上市公司预期盈余的调整是高度相关的，可以将当期的股票市场价值作为未来盈利水平的解释变量，当期股票收益对于上市公司未来盈余水平的解释能力便可以测度股价信息含量。因此，借鉴 Bai、Philippon 和 Savov（2014）的做法，以上市公司未来的盈利水平作为被解释变量，以当期的股票市场价值作为解释变量进行回归分析，回归方程如式 4. 8 所示：

$$\frac{E_{i,\ t+k}}{A_{i,\ t}}=\beta_0+\beta_1\frac{M_{i,\ t}}{A_{i,\ t}}+\varepsilon_{i,\ t} \tag{4.8}$$

其中，k 是先行的期数，$E_{i,\ t+k}$ 是第 i 个上市公司第 $t+k$ 期的盈利水平，$M_{i,\ t}$ 是第 i 个上市公司第 t 期的股票市场价值，$A_{i,\ t}$ 是第 i 个上市公司第 t 期的账面资产价值。式 4. 8 中 $M_{i,\ t}/A_{i,\ t}$ 的系数，即当期股票市场价值对于上市公司未来盈利能力的解释力，因而是股价信息含量的测量指标，且 $M_{i,\ t}/A_{i,\ t}$ 的系数越大，则意味着股票价格的信息含量越高。

本部分的重点是考察上市公司现金分红对于股价信息含量的影响，即考察上市公司现金分红对于“当期股票市场价值对上市公司未来盈余能力解释力”的调节效应，因此在式 4. 8 的基础上引入上市公司现金分红和当期股票市场价值的交互项，建立如式 4. 9 所示的回归方程：

$$\frac{E_{i,\ t+k}}{A_{i,\ t}}=\beta_0+\beta_1\frac{M_{i,\ t}}{A_{i,\ t}}+\beta_2\frac{M_{i,\ t}}{A_{i,\ t}}\cdot div_{it}+\varepsilon_{i,\ t} \tag{4.9}$$

其中，β_2 反映了上市公司现金分红对于股价信息含量的影响。具体而言，如果 β_2 的参数估计值为正，则意味着上市公司的现金分红能够提升其股票价格的信息含量水平。

由于直接将当期股票市场价值作为上市公司未来盈余的解释变量进行回归可能会引起参数估计偏误，因此参照 Collins、Kothari、Shanken 和 Sloan（1994）等人的文献的建议，将上市公司当期的盈余信息作为控制变量，以消除这种估计偏误对于计量结果的影响。因此，为了检验上市公司现金分红是否会影响其股价信息含量，最终构建了如式 4. 10 所示的计量模型：

$$\frac{E_{i,\ t+k}}{A_{i,\ t}}=\beta_0+\beta_1\frac{M_{i,\ t}}{A_{i,\ t}}+\beta_2\frac{M_{i,\ t}}{A_{i,\ t}}div_{it}+\beta_3\frac{E_{i,\ t}}{A_{i,\ t}}+\varepsilon_{i,\ t} \tag{4.10}$$

需要指出的是，关于式 4. 10 中先行期数 k 的确定，没有一个统一的规定，在现有文献中通常取值为 3，本部分将对 k 分别从 2 至 3 取值进行回归。

为了进一步检验“股市投机”是否是现金分红影响股价信息含量的重要机制，本书又构建了如式 4. 11 所示的计量模型：

$$\frac{E_{i,\ t+k}}{A_{i,\ t}}=\beta_0+\beta_1\frac{M_{i,\ t}}{A_{i,\ t}}+\beta_2\frac{M_{i,\ t}}{A_{i,\ t}}spe_{it}+\beta_3\frac{E_{i,\ t}}{A_{i,\ t}}+\varepsilon_{i,\ t} \tag{4.11}$$

如果股市投机会降低股价信息含量，则预期 $M_{i,\ t}/A_{i,\ t}$ 与 spe_{it} 的交互项的系数为负。

4.4.2 稳健性检验结果

对式 4.10 和式 4.11 的估计结果如表 4.6 所示。根据表 4.6 的第一列和第二列可知，无论是以未来两年，还是未来三年的公司盈余作为被解释变量，当期股票市场价值对上市公司未来盈余能力都具有显著的解释力，而且当期股票市场价值与上市公司现金分红的交互项的系数显著为正，这意味着上市公司的现金分红确实会影响股价信息含量。根据表 4.6 的第三列和第四列可知，无论是以未来两年，还是未来三年的公司盈余作为被解释变量，当期股票市场价值对上市公司未来盈余能力也都具有显著的解释力，而且当期股票市场价值与股票换手率的交互项的系数显著为负，这意味着股票市场的投机行为确实会对股价信息含量产生负向的影响。因此，基于式 4.10 和式 4.11 的研究结论和基于式 4.1 至式 4.4 的研究结论，在逻辑上基本一致，说明本书的研究结论具有一定的稳健可靠性。

表 4.6　　现金分红影响股价信息含量的稳健性检验 I

被解释变量	未来 2 年的公司盈余	未 3 年的公司盈余	未来 2 年的公司盈余	未 3 年的公司盈余
当期股票市场价值×现金分红	0.505*** (6.30)	0.226*** (2.91)		
当期股票市场价值	0.004 91*** (2.88)	0.014 3*** (3.54)	0.010 7*** (7.37)	0.039 8*** (29.40)
当期的公司盈余	−0.088 0*** (−5.07)	−0.087 8** (−2.10)	−0.114*** (−5.20)	−0.146*** (−18.00)
当期股票市场价值×股票换手率			−0.002 26** (−2.41)	−0.008 73*** (−12.56)
截距项	5.914*** (43.49)	6.249*** (25.25)	6.531*** (47.23)	6.795*** (136.41)

注：括号内为 t 统计量，* $p<0.1$，** $p<0.05$，*** $p<0.01$。

4.5 稳健性检验 II

在上述分析过程中，都是以当期的现金分红作为当期股价信息含量的解释变量，其隐含的一个假设就是“股票投资者对于特定股票的投资行为是根据他（她）对该上市公司的现金分红的预期而决定的”。事实上，股票投资者的投资行为也可能是根据上市公司的历史分红情况而决定的。因此，如果后一种情况成立，则用滞后一期的现金分红作为当期股价信息含量的解释变量可能更为合理。为了保证结论的可靠性，对式4.1、式4.2、式4.3和式4.4，本书又估计了滞后一期的现金分红对当期股价信息含量的影响，参数估计结果如表4.7所示。

首先，从表4.7可知，无论是股票换手率作为被解释变量，还是股价信息含量作为被解释变量，采用滞后一期的现金分红作为解释变量，其影响系数小于当期现金分红作为解释变量时的影响系数。这意味着股票市场中股票投资者的投资动机和投资行为，以及股价信息含量，都主要是受当期现金分红的影响，说明相对于过去的现金分红，投资者更为关注的是现金分红预期。这也证明本书采用当期现金分红作为解释变量的合理性。

其次，虽然采用当期现金分红和历史现金分红作为解释变量，其影响系数存在差异，但是对比表4.6和表4.7可知，两者都认为现金分红对于股市投机具有显著性影响，而且现金分红影响股市投机行为，是现金分红影响股价信息含量的重要作用机制。同时，表4.7也证实了采用当期现金分红作为解释变量，其结果具有一定的可靠性。因此，在后续的分析过程中，本书均采用当期现金分红作为解释变量。

表4.7　　　　现金分红影响股价信息含量的稳健性检验Ⅱ

	股票换手率	股价信息含量	股价信息含量	股价信息含量
滞后一期现金分红	-0.014 5*		0.007 47**	0.001 75
	(-1.93)		(2.05)	(0.80)
资产负债率	0.000 029 6	-0.000 000 807	-0.000 000 378	0.000 002 50
	(1.46)	(-0.30)	(-0.15)	(0.78)
成长机会	0.002 01**	0.000 000 643	-0.000 085 8	0.000 003 97
	(2.25)	(0.02)	(-1.25)	(0.11)
股票换手率		-0.024 0***		-0.013 2***
		(-4.56)		(-3.43)
公司规模		-0.033 6***	-0.026 0**	-0.013 3***
		(-3.09)	(-2.26)	(-3.13)
上市年限		0.003 27	0.008 82***	-0.000 670

表4.7(续)

	股票换手率	股价信息含量	股价信息含量	股价信息含量
		(1.57)	(3.89)	(-0.60)
截距项	2.843***	1.560***	1.243***	1.124***
	(33.73)	(6.94)	(5.27)	(11.72)

注：括号内为 t 统计量，* $p<0.1$，** $p<0.05$，*** $p<0.01$。

4.6 小结

本章从投资收益方式和投资者投资行为的视角，分析了上市公司现金分红对于股价信息含量的影响。理论分析认为，现金分红作为股票投资者最为稳定和低风险的投资收益方式，其分红的多少对于股票投资者的投资行为和股市投资者的构成类型具有一定的影响。具体而言，现金分红越少，股票投资者则更多地依靠股票买卖差价获利，因而其投资收益与公司业绩无关，使得股票投资者的交易行为充满投机性，同时参与股市的也将是投机动机较强的交易者，投机性交易使得股票交易者再也不用关注公司层面的信息，因而股价信息含量就会降低。基于上市公司层面数据的实证分析也证实了上述结论，实证结果表明，现金分红越低，股市参与者对该公司股票的投机性交易越多，进而使得股价信息含量越低，而且稳健性检验表明本书的计量分析结果稳健可靠。本书的研究结论具有一定的政策含义：相关决策部门应该加强对上市公司现金股利政策的监管，通过提高上市公司现金分红比例，有助于弱化股票市场的投机性和赌博性，进而提升上市公司的股价信息含量，强化股票市场优化资本配置的功能效率。

5 股价信息含量对企业投资效率的影响

股票市场对于上市公司而言，除了作为重要的投融资场所，股票价格本身还包含了许多对企业经营活动极为重要的市场信息。证券市场上投资者会根据资本的不同用途而对其进行准确的定价以反映公司的真实信息，同时，股票价格也会对上市公司的资本用途（即投资决策）产生影响。因此，股票价格所反映的企业特质信息的多少，即股价信息含量，对于股票投资者在证券市场进行股票交易的资本配置效率和上市公司在企业生产活动方面进行投资的资本配置效率可能都具有极为重要的影响。本章将对股价信息含量如何影响上市公司的投资效率这一问题进行分析，从理论和经验上提供相关证据。本章内容的结构如下：第一部分是理论分析和研究假说的提出；第二部分是计量模型的构建；第三部分是变量选取和数据来源的说明；第四部分是计量结果及其经济解释；第五部分是稳健性检验；第六部分是相关结论。

5.1 股价信息含量与资本配置效率

5.1.1 理论分析

以股票价格引导资本实现合理配置是股票市场的内在运行机制，也是股票市场的基本功能。Tobin（1982）将股票价格引导资本合理配置的这种能力定义为股票市场的功能效率（functional efficiency）。如果股票价格能够引导资本流向投资价值最大或者相对较大的地方，那么股市就是功能有效的；否则，股市在资本配置上就是无效率的。

经济主体的任何投资决策都是基于当期所掌握的市场信息对未来的投资收益进行预测判断之后做出的。这些必要的市场信息既包括宏观层面，也包括微观层面，例如宏观经济形势、产业发展走向和企业自身在行业中的相对竞争力等。经济主体对于市场经济信息的掌握不对称和不完全往往会导致企业的资本配置偏离最优水平，出现投资过度或者是投资不足等问题，从而使得资本配置效率整体降低。然而，对于任何一个经济活动参与者而言，都是有限理性的，不可能准确地掌握所有的市场信息，尤其是对于未来的市场信息。

股票价格之所以能够引导资本配置，一个重要的原因就在于股票价格中包含了上市公司的特定信息。股票价格作为证券市场上引导资本配置的“看不见的手”，是由证券市场上所有参与者通过对市场层面、行业层面和企业层面的信息进行加工处理以后所形成股票买卖决策来决定的。这便意味着，每个上市公司的股票价格在一定程度上反映了众多投资者对其经营活动的价值判断。通过对股票价格中所包含的上市公司特定信息量的解读，投资者就可以更好地做出投资决策，提高其投资效率。

国内外学者对于股价信息含量与资本配置效率之间的相互关系进行了大量的理论分析和实证研究。Wurgler（2000）运用国家层面的数据研究发现，一个国家的股价信息含量对于其股市的资本配置效率具有显著的正向影响。Durnev 等人（2003）从行业的角度进行研究也发现，行业的股价信息含量高会提高该行业的资本配置效率。进一步地，Durnev 等人（2004）运用 1990—2000 年 56 个转型国家作为样本进行研究发现，转型国家的股价信息含量普遍较低，同时这些国家证券市场的资本配置效率也相对较低，从另一个侧面也证明了股价信息含量对于证券市场资本配置效率的正向影响。除此之外，Rajan 和 Zingales（1998），Beck、Levine 和 Loayza（2002）等人的大量文献也都证实了“发育良好的证券市场能够充分利用股价信息含量，实现对证券市场资本的优化配置”这一结论。游家兴（2008）基于 Wurgler（2000）的研究方法对股价信息含量和资本配置效率之间的关系进行研究发现，市场信息效率的改善会加速资本从低效率行业向高效率行业的转移。

虽然文献对股价信息含量与资本配置效率之间的关系进行了深入研究，但是大多数文献的研究视角是股价信息含量如何影响资本在行业或公司之间的配置。正如杨继伟（2011）所指出的，仅仅研究资本在行业和企业间的配置效率是不够全面的，还需要深入研究企业内部的资本配置效率问题。而且，与前者相比，企业内部的资本配置效率问题更为重要。因为，即使证券市场上资本实现了在行业或企业间的有效配置，但是如果资本最终没有被企业合理投资，那么整个社会的资本配置仍然是无效的，资本在行业和企业间的配置仅仅是资本配置过程中的第一步。因此，股价信息含量影响企业内部的投资决策也是优化资本配置的一个重要方面。对此，也有一些文献进行了相关的研究。例如，Durnev（2004）运用美国上市公司数据分析发现，股价信息含量越高，包含的公司特质信息越多，公司的投资决策也就越有效率。侯永建（2006）的实证研究也得到了类似结论，认为股价信息含量是影响上市公司的投资效率的一个非常显著的变量。然而，上述文献并没有讨论清楚股价信息含量影响上市公司投资效率的作用机制。

如前所述，企业投资效率偏低，原因之一就是存在信息不对称问题。而股票价格所包含的公司特质信息，至少可以从两个维度来解决信息不对称问题，进而提高上市公司的投资效率：一是向公司外部投资者传递公司的特质信息；二是向公司内部人反馈市场专家的意见（杨继伟，2011）。如图 5.1 所示。

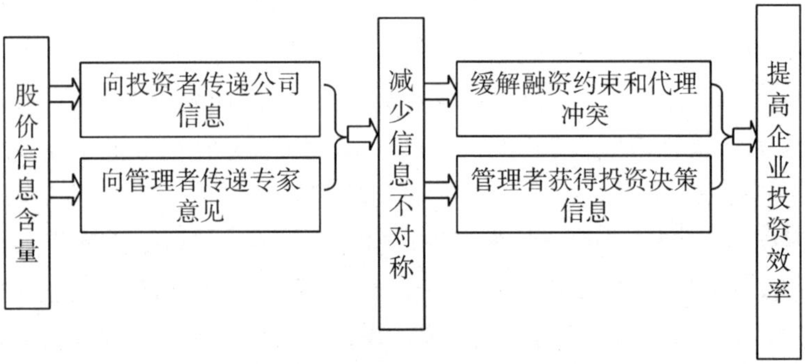

图 5.1　股价信息含量对企业投资效率的作用机制

股票价格的信息含量是指被资本化后反映在股票价格中的关于上市公司未来盈余的信息多少（Collins，1994）。而且，McNichols（1989）等人的文献指出，股票价格所包含的信息含量有可能超过了公司管理层对于未来收益的相关知识。因此，股票价格的信息含量可以为外部投资者提供重要的经济信息，使得公司的经营活动更加透明化，从而降低投资者与上市公司之间的信息不对称问题，增强投资者对于公司经理人败德行为的监督，缓解了委托代理关系中存在的道德风险问题。如此，既缓解了融资约束问题带来的投资不足问题，也缓解了委托代理关系中的投资过度问题，进而使得企业的投资效率得到提升（Durnev，Morck & Yeung，2001；DeFond & Hung，2004）。

股票价格中所包含的信息含量，是公司经理人在制定投资决策时所需知识的重要来源之一。因为，在价格波动中，一些投资人所掌握而经理人不知道的私人信息会被经理人接收到，这些信息反过来又可以引导公司经理的资本投资决策。因此，股价信息含量越高，经理人能够获取的有效信息也就越多，最终的投资效率也就越高（Dow & Gorton，1997；Subrahmanyam & Titman，1999）。这一反馈机制也得到了一些文献经验分析的支撑。例如，Chen 等人（2004）就发现，股票价格越是能够向经理人反馈有关投资决策的私有信息，公司经理人越能提高资本配置效率。

需要指出的是，虽然确实存在股价信息含量影响企业投资效率的内在机制，但是也有文献认为这只是一种潜在的机制，在现实的经济活动中并不是一定就会发挥作用。晏艳阳和宋相群（2013）就指出，即便是股票价格信息含量很高，包含了对经理人投资决策非常有用的经济信息，这些信息也不一定会得到经理人的关注，所谓股价信息含量会促进企业投资效率提高的结论也就不再成立。顾乃康和陈辉（2010）还指出，股票价格中所包含的投资者所掌握的私有信息，并不是真正意义上管理者不知道的私有信息，可能是管理者已经掌握但是没有披露出来的信息，因此，股票价格中所包含的这类信息并不会对上市公司的投资效率有多大的促进作用。

5.1.2 待检验假说

通过上述分析可知，目前关于股价信息含量和资本配置效率的研究，主要集中在行业或企业之间的资本配置问题，从微观企业内部来研究两者关系的文献相对较少，而企业内部的投资效率是决定整个市场资本配置效率最关键的一环。从这个角度来讲，研究股价信息含量对上市公司投资效率的影响就显得尤为重要。虽然，从理论上讲，一些国外文献证实了股价信息含量对于企业投资效率有显著的促进作用，但是这种作用机制发挥作用是存在一定条件的，如果股价反应的是不上市公司管理者未掌握的信息，或者管理者根本不关注股价所包含的信息含量，那么股价信息含量对于企业投资效率就没有影响。然而，对于这一问题，还没有足够的经验证据，尚属于一个有待证实或证伪的问题。另外，鉴于上述两点原因，有必要对“股价信息含量是否影响企业投资效率”这一问题进行深入分析，以提供更多的经验证据。

5.2 研究设计

5.2.1 计量模型构建

为了检验股价信息含量是否提高了上市公司的投资效率，本章构建如式 5.1 所示的计量模型：

$$efficiency_{it} = \beta_0 + \beta_1 pi_{it} + \delta x + \varepsilon_{it} \quad (5.1)$$

其中，被解释变量 $efficiency_{it}$ 是第 i 个上市公司第 t 期的投资效率，关注变量 pi_{it} 是第 i 个上市公司第 t 期的股票信息含量，x 是其他一些影响上市公司投资效率的控制变量。如果参数估计结果显示 β_1 为正，则意味着股价信息含量的提高有助于上市公司投资效率的提升。

考虑到上市公司投资低效主要表现为投资不足和过度投资两种形式，为了进一步考察股价信息含量对两种不同形式的低效率投资的影响，本章参照杨继伟和聂顺江（2010）等人的文献的做法，又构建了如式 5.2 和式 5.3 所示的两个计量方程：

$$overinvest_{it} = \beta_0 + \beta_1 pi_{it} + \delta x + \varepsilon_{it} \quad (5.2)$$

$$underinvest_{it} = \beta_0 + \beta_1 pi_{it} + \delta x + \varepsilon_{it} \quad (5.3)$$

其中，$underinvest_{it}$ 是第 i 个上市公司第 t 期的投资不足的额度，$overinvest_{it}$ 是第 i 个上市公司第 t 期的过度投资的额度。如果式 5.2 和式 5.3 中的 β_1 的估计值为负，则意味着上市公司股价信息含量的提高有助于改善投资不足和投资过度等低效率的投资行为。

需要指出的是，根据式 5.2 和式 5.3 来确定企业是否存在过度投资或投资不足时，本书是将实际投资超过（低于）理想投资水平一定比例的部分定义为过度投资（投资不足）。例如，理想投资水平是 10 单位，如果将超过理想投资水平 5%的部分定义为过度投资，则企业的过度投资额为实际投资与 10.5 之差；同理，如果将低于理想投资水平 5%的部分定义为投资不足，则企业的投资不足为实际投资与 9.5 之差；而实际投资介于 9.5 和 10.5 之间的则定义为无过度投资或无投资不足。至于超过理想投资水平多大比例才算过度投资，或者是低于理想投资水平多大比例才算投资不足，并没有一个直接的标准。为了保证结果的稳健性，本书对这一比例分别选取了 5%和 10%进行分析。

5.2.2 变量的选取

本书的被解释变量是上市公司的投资效率。本书用实际投资水平（$invest_{it}$）与预期理想的投资水平（$invest_{it}^*$）之间的差异作为衡量投资效率的标准。其中，式 5.1 中的被解释变量，用“| 新增投资-预期投资 | /预期投资”作为上市公司投资效率的代理变量，显然该变量取值越接近于 0，意味着上市公司的投资效率越高；式 5.2 和式 5.3 中的被解释变量，用新增投资和预期投资之间的差额的绝对值“| 新增投资-预期投资 |”作为代理变量，如果新增投资大于预期投资，则定义为投资过度，如果新增投资小于预期投资，则

定义为投资不足。由于预期理想的投资水平是无法观测的，因此，本书参照杨继伟和聂顺江（2010）的做法，首先建立如式 5.4 所示的计量模型：

$$invest_{it} = \beta_i + \beta_1 Q_{it-1} + \beta_2 lev_{it-1} + \beta_3 cash_{it-1} + \beta_4 age_{it-1} + \beta_5 size_{it-1} + \beta_6 return_{it-1} + \beta_7 invest_{it-1} + \varepsilon_{it} \tag{5.4}$$

其中，$invest_{it}$ 是第 i 个上市公司第 t 期的新增投资，计算公式为"（构建固定资产+无形资产+其他长期资产所支付的现金-处置固定资产-无形资产-其他长期资产而收回的现金）/总资产账面价值"。Q_{it-1} 是第 i 个上市公司第 $t-1$ 期的托宾 Q 值，计算公式为"（流通股市值+非流通股账面价值+负债账面价值）/总资产账面价值"。lev_{it-1} 是第 i 个上市公司第 $t-1$ 期的资产负债率，由负债总额除以资产总额得到。$cash_{it-1}$ 是第 i 个上市公司第 $t-1$ 期的现金持有量，计算公式为"（货币资金+短期投资）/总资产账面价值"。age_{it-1} 是企业上市年限，由第 $t-1$ 期所处年份减去上市年份得到。$size_{it-1}$ 是企业规模，由企业总资产账面价值的自然对数作为代理变量。$return_{it-1}$ 是公司股票的年度收益率。$invest_{it-1}$ 是第 i 个上市公司第 $t-1$ 期的新增投资。

然后，参照 Richardson（2006）等人的文献的做法，对式 5.4 进行回归，并根据回归结果得到被解释变量 $invest_{it}$ 的拟合值 $invest_{it}^*$，将其作为上市公司预期理想投资水平的代理变量。基于此，便可以进一步计算出上市公司的投资效率、投资过度和投资不足等指标。

本章的关注变量是股价信息含量。股价信息含量的测量指标和第 4 章中的做法一样，通过对式 4.5 进行回归，然后采用股价波动的非同步性指标作为股价信息含量的代理变量。对于式 5.1、式 5.2 和式 5.3 的控制变量的选择，本书主要参考 Richardson（2006）等人的文献的模型，选取了以下一些重要的控制变量：①当期的自由现金流；②滞后一期的托宾 Q 值；③滞后一期的资产负债率；④滞后一期的现金持有量；⑤公司上市年限；⑥公司规模；⑦滞后一期的股票收益率；⑧滞后一期的新增投资。本章主要变量的解释说明参见表 5.1。

表 5.1　　　　本章主要变量的解释说明

变量	详细说明
投资效率	实际投资率与理想投资率的差距的绝对值，其中理想投资率由式 5.4 的拟合值作为代理变量
投资不足	实际投资率低于理想投资率的部分
过度投资	实际投资率高于理想投资率的部分

表5.1(续)

变量	详细说明
新增投资	(构建固定资产、无形资产和其他长期资产所支付的现金-处置固定资产、无形资产和其他长期资产而收回的现金)/总资产账面价值
托宾 Q 值	(流通股市值+非流通股账面价值+负债账面价值)/总资产账面价值
资产负债率	负债总额/资产总额
现金持有量	(货币资金+短期投资)/总资产账面价值
企业规模	企业总资产账面价值
股票收益率	企业股票的年度收益率
预期投资	拟合值
内部现金流	经营活动现金流量净额/总资产账面价值
自由现金流	内部现金流-预期投资

5.2.3 数据说明

本章与第 4 章的数据来源完全一致，剔除了样本期间相关变量存在数据缺失的上市公司，本章最终用于回归分析的上市公司一共有 13 796 家，其中材料、电信服务、工业、公用事业、金融、可选消费、能源、日常消费、信息技术和医疗保健行业分别有 2 571 家、22 家、3 011 家、886 家、1 494 家、2 346 家、471 家、1 094 家、1 044 家和 857 家。

主要变量的描述性统计如表 5.2 所示。股价信息含量的均值为 0.799，与第 4 章的股价信息含量均值没有显著差异。企业的现金持有率为 15%，标准差较大，说明企业之间的现金持有状况存在显著差异。托宾 Q 值为 7.8 左右，但是标准差为 476，说明大部分企业的托宾 Q 值较小，少数企业的托宾 Q 值较大。资产负债率均值为 63%，与第 4 章的取值也较为相近。自由现金流存在负值，说明大多数企业的内部现金流小于预期投资额，存在流动性约束问题。公司的上市年限均值为 8.9，总资产的对数值为 21.97，与第 4 章的取值都很接近。股票收益率均值为-4%，但标准差较大。新增投资比率为 5%，少数企业投资规模较大，能达到 60%。企业投资效率指标均值为 0.68，相对较高，投资效率最低的企业，其投资效率指标的取值能到达 12. 56。①

通过对比表 5. 2 和表 4. 2 的描述性统计可知，虽然本章与第 4 章所采用的样本大小存在一定的差异，但是并不用担心这会引起参数估计结果的偏误，因为两个样本中相同变量的描述性统计都十分接近，说明两个样本具有高度的相似性。

表 5. 2　　　　主要变量描述性统计

变量	均值	标准差	最小值	最大值
股价信息含量	0. 799	0. 753	0	6. 606
现金持有量	14. 901	12. 874	0	100
托宾 Q 值	7. 790	476. 081	0	50 980. 36
资产负债率	62. 976	251. 902	0. 173	14 271. 78
自由现金流	−0. 168	10. 690	−334. 507	87. 251
上市年限	8. 885	7. 630	0	25
总资产对数值	21. 970	1. 527	10. 842	29. 793
股票收益率	−3. 972	284. 049	−10 426. 850	1 449. 264
新增投资	4. 938	5. 763	0	60. 215
企业投资效率	0. 683	0. 649	0	12. 559

5. 3　参数估计及结果分析

5. 3. 1　参数估计方法

正如第 4 章所讲，由于本章采用的也是面板数据进行分析，如果对于式 5. 1、式 5. 2 和式 5. 3 直接进行最小二乘回归，可能会因为每个上市公司存在不可观测的异质性问题而使得模型中的扰动项与关注变量相关，从而引起内生性问题，以至于最小二乘估计的结果有偏且不一致，且存在异方差问题。因此，本书首先需要采用 Hausman 检验来确定是采用随机效应模型进行估计，还

① 根据本书对投资效率的定义，该指标取值越大意味着投资效率越低，取值越接近 0，则投资效率越高。

是采用固定效应模型进行估计，检验结果如表 5.3 所示。

对于式 5.1，Hausman 检验显著拒绝原假设，即认为应该采用固定效应模型进行估计。对于式 5.2 和式 5.3，在定义投资过度与投资不足时，本书选择了两种标准。在进行模型选择时，本书主要是将实际投资超过（低于）理想投资水平 5%的部分定义为过度投资（投资不足）的代理指标，然后进行回归分析和检验，以判断应该选择固定效应模型还是随机效应模型。对于式 5.2 和式 5.3，Hausman 检验结果也都显著拒绝原假设，即认为应该采用固定效应模型进行估计。

表 5.3 **固定效应和随机效应检验**

计量方程	Chi2 统计量 [P 值]	结论
式 5.1	580.67 [0.000 0]	固定效应
式 5.2	397.44 [0.000 0]	固定效应
式 5.3	760.47 [0.000 0]	固定效应

5.3.2 参数估计结果

表 5.4 的第一列显示了式 5.1 的估计结果。股价信息含量对于企业投资效率的影响系数为-0.07，这意味着股价信息含量每提高一个单位，将会使得企业的投资水平与理想投资水平的差距减少 0.07 个单位，且在 10%的显著性水平上统计显著。滞后一期现金持有、滞后一期托宾 Q 值、滞后一期资产负债率、自由现金流和滞后一期股票收益率对于企业投资效率的影响并不显著。上市年限对于企业投资效率的提高也具有积极的作用，上市年限每增长一年，企业的实际投资率与理想投资率的差距就缩小 0.008 个单位。企业规模对于企业的投资效率具有负面的影响，规模每扩大 1 个百分点，企业的实际投资率与理想投资率的差距就增加 0.032 个单位。滞后一期新增投资对于企业的投资效率也具有积极的提升作用，上一期的新增投资率每提高 1 个百分点，当期实际投资率与理想投资率的差距就缩小 0.02 个单位。

表 5.4 的第二列和第四列显示了式 5.2 的估计结果。无论是将实际投资率超过理想投资率 5%的部分定义为过度投资，还是将实际投资率超过理想投资率 10%的部分定义为过度投资，股价信息含量的提升对于企业过度投资具有显著的抑制作用，具体而言，股价信息含量每提高 1 个单位，企业过度投资比率就会降低约 0.13 个单位。滞后一期托宾 Q 值、滞后一期资产负债率、总资产对数值和

滞后一期新增投资对于企业过度投资的影响不太显著。滞后一期现金持有对于当期的过度投资具有显著的促进作用，滞后一期现金持有每增长1个百分点，当期过度投资率就会增长约0.1个百分点，且在1%的显著性水平上统计显著。自由现金流每增长1个百分点，企业的过度投资率也会增长0.03个百分点。上市年限每增长1年，企业的过度投资率将会降低0.3个百分点。滞后一期股票收益率每增长1个百分点，企业的过度投资率将增加0.003个百分点。

表5.4的第三列和第五列显示了式5.3的估计结果。无论是将实际投资率超过理想投资率5%的部分定义为过度投资，还是将实际投资率超过理想投资率10%的部分定义为过度投资，股价信息含量的提升对于企业投资不足的缓解作用并不明显。虽然自由现金流可以减少投资不足，但是在统计意义上也不显著。其余一些控制变量对于企业投资不足的影响相对明显，且都在1%的显著性水平上统计显著。滞后一期现金持有每增长1个百分点，能显著降低0.04个百分点的投资不足。滞后一期托宾Q值每增长1个单位，企业投资不足会显著降低0.000 3个百分点。滞后一期资产负债率每增长1个百分点，当期企业投资不足会显著增长0.000 9个百分点。上市年限每增长1年，企业的投资不足将会减少0.05个百分点。企业规模每增加1个百分点，企业投资不足会降低约0.4个百分点。滞后一期股票收益率每提高1个百分点，企业投资不足将增加0.001个百分点。滞后一期新增投资每增长1个百分点，当期企业投资不足将增加大约0.1个百分点。

表5.4　　参数估计结果①

	企业投资效率	投资过度1	投资不足1	投资过度2	投资不足2
股价信息含量	-0.065 7*	-0.126*	-0.025 5	-0.127*	-0.024 9
	(-1.94)	(-1.91)	(-1.31)	(-1.91)	(-1.30)
滞后一期现金持有	0.001 11	0.107***	-0.047 6***	0.103***	-0.043 8***
	(1.34)	(7.07)	(-18.47)	(6.84)	(-17.23)
滞后一期托宾Q值	-0.000 005 11	0.032 6	-0.000 319***	0.030 7	-0.000 304***
	(-0.79)	(0.27)	(-14.12)	(0.25)	(-13.89)
滞后一期资产负债率	0.000 022 0	-0.008 20	0.000 920***	-0.008 19	0.000 882***
	(1.02)	(-1.21)	(13.28)	(-1.22)	(13.08)

① 第二列和第三列是将实际投资超过（低于）理想投资水平5%的部分定义为过度投资（投资不足）；第三列和第四列是将实际投资超过（低于）理想投资水平10%的部分定义为过度投资（投资不足）。

表5.4(续)

	企业投资效率	投资过度1	投资不足1	投资过度2	投资不足2
自由现金流	0.000 950	0.028 3**	-0.000 677	0.028 1**	-0.000 730
	(1.50)	(2.39)	(-0.37)	(2.39)	(-0.40)
上市年限	-0.007 64***	-0.321***	-0.052 4***	-0.314***	-0.046 5***
	(-2.82)	(-6.00)	(-7.30)	(-5.89)	(-6.56)
总资产对数值	0.031 5**	0.498	-0.393***	0.510	-0.372***
	(2.20)	(1.48)	(-10.83)	(1.52)	(-10.40)
滞后一期股票收益率	0.000 058 4	0.002 61**	0.001 54***	0.002 52**	0.001 43***
	(1.10)	(2.58)	(10.57)	(2.50)	(9.97)
滞后一期新增投资	0.019 1***	0.035 0*	0.102***	0.022 1	0.088 8***
	(11.64)	(1.92)	(11.79)	(1.21)	(10.41)
截距项	0.174	-4.534	10.32***	-4.962	9.691***
	(0.59)	(-0.64)	(13.99)	(-0.70)	(13.32)

注：括号内为 t 统计量，* $p<0.1$，** $p<0.05$，*** $p<0.01$。

5.3.3 结果分析

从股价信息含量对于企业投资效率的影响来看，提升股价信息含量确实能降低企业的无效投资水平，但是影响系数相对较小。对于这一点，顾乃康和陈辉（2010）给出了两种解释，他们认为可能是股票投资者挖掘了上市公司管理者不知晓，并且管理者没有利用的私有信息，也可能是股票投资者挖掘的是管理者已经知道，只是没有披露出来的信息。而本书的研究则发现，之所以股价信息含量对企业投资效率的影响相对较小，可能是因为股价信息含量对于投资过度和投资不足两种无效率投资行为的影响存在差异而导致的。例如，从股价信息含量对于企业过度投资的影响来看，股价信息含量对于减少企业过度投资具有显著的影响，而且影响系数相对较大，这说明股价信息含量至少对于企业的投资过度行为是有一定抑制作用的。但是，从股价信息含量对于企业投资不足的影响来看，影响并不显著。股价信息含量不能改善企业的投资不足问题，这是具有合理解释的，因为投资支出受到流动性的影响，股价信息含量并不能改善企业的流动性约束问题。所以，从总体来看，股价信息含量对于企业投资效率的影响就会相对较弱。

本书对控制变量的估计结果也具有合理的经济含义。滞后一期现金持有可以减少当期的投资不足，但是也可能会引起当期的投资过度，因为滞后一期的现金持有增加了当期的流动性。托宾 Q 值越大，企业的投资不足会越少，但是投资过度问题可能会更严重，这是因为托宾 Q 值越大，意味着直接投资企业比投资股票的成本更低。滞后一期的资产负债率会使得当期的投资不足问题更加恶化，而对于当期的投资过度具有一定的抑制作用，这是因为资产负债率越高，企业的债务负担和进行投资的资金压力就越大。与之相对，自由现金流和企业规模则会使得企业的投资过度问题更加突出，而使得投资不足的问题弱化。上市年限对于企业投资过度和投资不足问题都具有抑制作用，说明随着上市年限的增长，企业管理者通过学习效应会不断改善自身的投资效率。滞后一期新增投资会使得当期的投资过度问题更加突出，这是因为上一期的投资支出会减少当期可用于投资的资金，增加了当期的流动性约束。

5.4 稳健性检验

上述的计量分析可能会因为三个方面的问题而存在估计偏误：一是被解释变量的测量误差，二是解释变量的内生性问题，三是样本选择的问题。为此，本部分将进行以下一系列稳健性检验，以保证计量结果的稳健可靠。

5.4.1 被解释变量的测量误差

在构造被解释变量的过程中，上市公司的最优投资水平是没有直接观测值的，前文通过对式 5.4 进行回归，然后用被解释变量的拟合值作为上市公司最优投资水平的代理变量，可能会引起严重的测量误差，从而引起参数估计结果的衰减偏误（向零偏误）。所以，本部分首先针对这一问题提供一个稳健性检验：以行业平均的投资水平作为上市公司最优投资水平（预期投资）的代理变量，然后再按照前述方法构造投资效率、投资过度和投资不足等变量。

参数估计结果如表 5.5 所示。无论是从股价信息含量对企业投资效率的总体影响，还是投资效率对企业投资不足或企业投资过度的影响来看，影响系数在统计意义上都不是特别显著。但是，从股价信息含量对于企业投资效率的总体影响，或者是对于企业投资不足和企业投资过度的影响，影响系数在符号上都为负，说明股价信息含量的提升对于降低企业的无效率投资具有一定的积极作用，这和表 5.4 的结论是基本一致的。

测量误差一般会引起参数估计的衰减偏误（向零偏误）。与表 5.4 相比，表 5.5 的估计结果显示，股价信息含量对于企业投资效率的影响系数偏小。因此，本书认为采用行业平均的投资水平作为上市公司最优投资水平（预期投资）的代理变量更可能引起测量误差。这也从另一个侧面证明了用上市公司投资水平的拟合值作为上市公司最优投资水平的代理变量，引起的测量误差问题可能更小，因而表5.4的结果具有一定的可靠性。

表5.5　　　　稳健性检验Ⅰ

	企业投资效率	投资过度1	投资不足1	投资过度2	投资不足2
股价信息含量	-0.046 7	-0.030 5	-0.008 15	-0.029 7	-0.008 69
	(-1.57)	(-1.33)	(-1.43)	(-1.33)	(-1.47)
滞后一期现金持有	0.008 63***	0.096 4***	-0.005 82***	0.095 8***	-0.006 07***
	(4.92)	(5.93)	(-2.88)	(5.91)	(-3.09)
滞后一期托宾Q值	-8.140 312 8	0.035 1	-0.000 010 3	0.032 8	-0.000 012 2
	(-0.01)	(0.53)	(-0.75)	(0.50)	(-0.92)
滞后一期资产负债率	-0.000 017 3	-0.006 28*	-0.000 026 9	-0.006 22*	-0.000 018 7
	(-0.34)	(-1.66)	(-0.57)	(-1.66)	(-0.41)
自由现金流	0.003 48***	0.013 2	-0.005 80***	0.013 8	-0.005 36***
	(4.11)	(1.02)	(-2.89)	(1.07)	(-2.76)
上市年限	-0.011 3*	-0.335***	0.007 41	-0.332***	0.009 25
	(-1.92)	(-5.21)	(0.98)	(-5.18)	(1.26)
总资产对数值	0.007 89	0.409	-0.225***	0.408	-0.220***
	(0.12)	(0.93)	(-6.36)	(0.93)	(-6.39)
滞后一期股票收益率	0.000 150**	0.002 34***	-0.000 429***	0.002 32***	-0.000 420***
	(2.18)	(2.60)	(-3.01)	(2.59)	(-3.02)
滞后一期新增投资	0.027 2***	0.113***	0.059 8***	0.112***	0.059 8***
	(4.97)	(6.06)	(9.61)	(6.00)	(9.77)
截距项	0.461	-3.026	7.600***	-3.243	7.232***
	(0.32)	(-0.33)	(10.34)	(-0.35)	(10.14)

注：括号内为 t 统计量，* $p<0.1$，** $p<0.05$，*** $p<0.01$。

5.4.2　股价信息含量的内生性问题

正如第4章所述，股价信息含量会受到上市公司现金分红的影响，因此，当期越是重视股价信息含量的上市公司可能就会越重视当期股票的现金分红，因而当期股价信息含量也就会越高。这意味着，上市公司当期股票价格信息含量的多少并不是严格外生的，模型可能存在内生性问题。如果直接对式5.1、式5.2和式5.3进行固定效应模型回归，可能会引起参数估计的有偏和不一致问题。为此，本书需要为“当期的股价信息含量”这一内生变量寻找有效的工具变量。然后，对式 5.1、式 5.2 和式 5.3 进行固定效应—工具变量法回归，以保证参数估计的一致性。

本书选取了股价信息含量的滞后项作为当期股价信息含量的工具变量。一方面，上市公司经理人在进行投资决策时主要是借鉴参考当期的股价信息含量，因而股价信息含量的滞后项很少会受到当期投资决策的反向影响，所以具有一定的外生性，而且滞后的期限越长，其外生性也就会越强。另一方面，上市公司的股价信息含量的形成可能具有一定的路径依赖特征，因此股价信息含量的当期值与其滞后项具有一定的相关性，而且滞后的期限越短，两者的相关性越强。

作为一个有效的工具变量必须同时满足“工具变量严格外生”和“工具变量与内生变量偏相关”两个条件。因此，在选择股价信息含量的滞后项作为工具变量时，既希望滞后的期限越长越好（外生性越强），又希望滞后的期限越短越好（偏相关性越强）。综合上述两点，本书将滞后 6 期到滞后 1 期的股价信息含量分别作为工具变量进行了回归。

表 5.6　　工具变量滞后期数的选择

		1 期和 2 期	2 期和 3 期	3 期和 4 期	4 期和 5 期	5 期和 6 期
式 5.1	弱工具变量检验 F 值	116.990	87.451	66.753	91.228	49.766
	过度识别检验 P 值	0.863 9	0.112 7	0.981 2	0.805 6	0.600 8
式 5.2A	弱工具变量检验 F 值	44.562	24.664	19.065	27.047	7.599
	过度识别检验 P 值	0.999 6	0.377 3	0.662 7	0.571 9	0.352 7
式 5.3A	弱工具变量检验 F 值	62.509	56.446	36.168	39.335	23.547
	过度识别检验 P 值	0.650 0	0.741 5	0.964 7	0.859 3	0.264 0
式 5.2B	弱工具变量检验 F 值	44.562	24.664	19.065	27.047	7.599
	过度识别检验 P 值	0.987 1	0.367 3	0.679 1	0.578 2	0.355 1
式 5.3B	弱工具变量检验 F 值	62.509	56.446	36.168	39.335	23.547
	过度识别检验 P 值	0.608 6	0.778 5	0.985 7	0.879 7	0.264 8

注：A 表示将实际投资超过（低于）理想投资水平 5%的部分定义为过度投资（投资不足）；B 表示将实际投资超过（低于）理想投资水平 10%的部分定义为过度投资（投资不足）。

关于工具变量的选择结果如表 5.6 所示。根据计量结果发现，如果使用滞后 5 期和滞后 6 期作为工具变量，在式 5.2 的第一阶段回归中，弱工具变量检验的 F 值为 7.599，显著小于 10，根据经验规则，工具变量的选择存在弱工具变量问题。如果选择滞后 4 期和滞后 5 期的股价信息含量作为工具变量，则弱工具变量检验的 F 统计量均大于 10，不存在弱工具变量问题。同时，由于工具变量个数多余内生变量个数，本书进一步检验了滞后 4 期和滞后 5 期的股价信息含量作为工具变量的外生性。过度识别检验 P 值较大，接受原假设，表明上述工具变量满足外生性要求。因此，本书最终选取了滞后 4 期和滞后 5 期的股价信息含量作为工具变量。

表 5.7　　　　　　　　　**稳健性检验 II**

	企业投资效率	投资过度 1	投资不足 1	投资过度 2	投资不足 2
股价信息含量	-0.040 9*	-0.610*	-0.372**	-0.600*	-0.385**
	(-1.86)	(-1.82)	(-2.15)	(-1.81)	(-2.26)
滞后一期现金持有	0.001 04	0.109***	0.047 1***	0.104***	0.043 5***
	(0.76)	(4.14)	(15.17)	(3.99)	(14.25)
滞后一期托宾 Q 值	0.000 010 1	0.407***	-0.000 430***	0.403***	-0.000 414***
	(0.59)	(2.76)	(-9.94)	(2.74)	(-9.94)
滞后一期资产负债率	-0.000 031 8	-0.027 4***	0.001 22***	-0.027 3***	0.001 17***
	(-0.58)	(-3.99)	(8.75)	(-3.99)	(8.78)
自由现金流	0.000 956	0.034 5**	-0.000 229	0.034 2*	-0.000 240
	(0.85)	(1.97)	(-0.11)	(1.96)	(-0.11)
上市年限	-0.015 5***	-0.340***	-0.053 4***	-0.335***	-0.047 4***
	(-3.01)	(-4.06)	(-4.37)	(-4.02)	(-3.94)
总资产对数值	0.045 3**	0.871**	-0.421***	0.884**	-0.404***
	(2.04)	(2.05)	(-7.14)	(2.09)	(-6.96)
滞后一期股票收益率	0.000 067 2	0.000 605	0.002 12***	0.000 534	0.002 03***
	(0.63)	(0.34)	(7.83)	(0.30)	(7.61)
滞后一期新增投资	-0.030 9***	0.000 680	0.086 1***	-0.012 1	0.073 2***
	(-8.74)	(0.02)	(7.54)	(-0.42)	(6.47)

注：括号内为 t 统计量，* $p<0.1$，** $p<0.05$，*** $p<0.01$。

固定效应—工具变量法的参数估计结果如表 5.7 所示。无论是从股价信息含量对企业投资效率的总体影响，还是投资效率对企业投资不足或企业投资过度的影响来看，影响系数在符号上都为负，而且从系数的显著性来看，在 10% 的显著性水平上统计显著。这说明股价信息含量的提升对于降低企业的无效率投资具有一定的积极作用，这和前述结论是基本一致的。同时，对比表 5.4 和表 5.7 可知，固定效应估计结果和固定效应—工具变量法的估计结果，在参数估计值上存在一些差异，但是差异并不显著，说明内生性问题引起的参数估计偏误问题并不严重，表 5.4 的估计结果仍然是可靠的。

5.4.3 剔除金融保险业的估计结果

考虑到金融与保险行业的公司和其他行业的公司在经营模式和资本结构等方面都存在较大的差异，如果将金融与保险行业的公司作为研究样本，可能会对参数估计结果产生一定的影响，因此本书又将金融与保险行业的上市公司剔除，重新进行回归分析。

剔除金融与保险行业上市公司后的参数估计结果如表 5.8 所示。股价信息含量对企业总体投资效率、企业投资不足和企业投资过度的影响系数在符号上都为负，而且在 10%的显著性水平上统计显著。通过对比表 5.8 和表 5.4、表 5.5 和表 5.7 的计量结果可知，表 5.8 所示的结论和前述计量分析的结论也是完全一致的，这进一步说明了本书前述分析结论的稳健性。

表 5.8　　稳健性检验 III

	企业投资效率	投资过度 1	投资不足 1	投资过度 2	投资不足 2
股价信息含量	−0.063 3*	−0.080 5*	−0.024 4*	−0.079 5*	−0.024 9*
	(−1.81)	(−1.83)	(1.90)	(−1.83)	(1.93)
滞后一期现金持有	−0.001 52	0.086 4***	0.051 9***	0.082 0***	0.047 6***
	(−1.48)	(5.53)	(15.14)	(5.28)	(14.16)
滞后一期托宾 Q 值	−0.000 007 41	0.363***	−0.000 321***	0.359***	−0.000 307***
	(−1.63)	(3.10)	(−11.79)	(3.07)	(−11.66)
滞后一期资产负债率	0.000 030 9**	−0.008 71	0.000 864***	−0.008 74	0.000 828***
	(1.97)	(−1.42)	(10.85)	(−1.43)	(10.74)
自由现金流	0.000 344	0.026 2**	−0.000 773	0.026 0**	−0.000 723
	(0.37)	(2.07)	(−0.32)	(2.06)	(−0.30)
上市年限	0.010 7	−0.289***	−0.033 3***	−0.282***	−0.027 9***
	(0.90)	(−5.44)	(−3.87)	(−5.33)	(−3.30)
总资产对数值	0.016 9	0.400	−0.605***	0.422	−0.575***
	(0.64)	(1.31)	(−12.11)	(1.38)	(−11.70)
滞后一期股票收益率	−0.000 111	0.001 23	0.001 45***	0.001 13	0.001 34***
	(−1.15)	(1.22)	(7.77)	(1.12)	(7.36)
滞后一期新增投资	−0.025 4***	0.033 3*	0.094 3***	0.019 7	0.081 1***
	(−7.80)	(1.71)	(11.30)	(1.02)	(9.87)
截距项	0.399	−3.063	14.73***	−3.726	13.89***
	(0.82)	(−0.48)	(14.60)	(−0.59)	(14.01)

注：括号内为 t 统计量，* $p<0.1$，** $p<0.05$，*** $p<0.01$。

5.4.4 国有企业与非国有企业的差异

在检验研究样本的选择对估计结果是否产生偏差时，还有一个重要考虑因素就是企业的产权性质，即国有企业还是非国有企业。大量文献认为，由于产权结构的差异，以及激励机制的差异，相对于非国有企业而言，国有企业的投资效率往往是低下的。因此，本书将国有企业和非国有企业混合在一起进行回归分析，有可能会对参数估计结果产生一定的影响。为了保证前述计量分析的稳健性，有必要对不同产权性质的企业分别回归，然后进行对照分析。将国有企业和非国有企业分别进行回归的结果如表 5.9 所示。

表 5.9 的第一至第五列，是运用非国有企业的面板数据进行回归得到的结果。将其与前述计量结果进行对比分析发现，运用非国有企业样本进行回归得到的股价信息含量对企业投资效率的影响系数略有变大，这说明非国有企业的管理者在进行投资决策时更加谨慎，会更多地参考股票价格等因素中所反映的企业层面的信息。

表 5.9 的第六至第十列，是运用国有企业的面板数据进行回归得到的结果。将其与前述计量结果进行对比分析发现，运用国有企业样本进行回归得到的股价信息含量对企业投资效率的影响系数略有变小，这说明国有企业的管理者在进行投资决策时可能会更少地参考股票价格等因素中所反映的企业层面的信息。这也是完全符合预期的。

对比运用非国有企业的面板数据进行回归得到的结果和运用国有企业的面板数据进行回归得到的结果可以发现，虽然不同产权性质上市公司的股价信息含量对于企业投资效率的影响系数存在差异，但是这种差异并不是特别明显。这似乎与不同产权性质的企业的投资效率存在差异的论断相矛盾，但是本书认为这也是能够合理解释的。虽然不同产权性质的企业的投资效率可能会因为某些影响因素的差异而存在差异，但是如果引起这种差异的影响因素与股价信息含量之间的相关性不是特别强，即股价信息含量满足一定的外生性，那么对于不同产权性质的企业，股价信息含量对于企业投资效率的影响也就不会存在较大差异。

上述结论一方面意味着本章的计量结果是稳健可靠的，另一方面意味着在后续的研究中，即使不考虑企业的产权性质差异，也不用过度担心会因为不同企业的产权性质差异而引起参数估计的严重偏差。

表 5.9 **稳健性检验 IV**

	非国有企业					国有企业				
	企业投资效率	投资过度1	投资不足1	投资过度2	投资不足2	企业投资效率	投资过度1	投资不足1	投资过度2	投资不足2
股价信息含量	-0.074*	-0.201*	0.018 9	-0.205*	0.017 5	-0.045 3	-0.011 4	0.006 88	-0.009 60	0.007 50
	(-1.92)	(-2.15)	(0.68)	(-2.18)	(0.64)	(-1.55)	(-0.90)	(0.24)	(-0.80)	(0.27)
滞后一期现金持有	0.000 003 00	0.124***	0.044 6***	0.120***	0.041 3***	-0.000 744	0.076 4***	0.044 0***	0.072 3***	0.039 9***
	(0.00)	(4.91)	(13.72)	(4.78)	(12.90)	(-0.61)	(4.02)	(12.69)	(3.83)	(11.68)
滞后一期托宾Q值	-0.000 004 45	0.026 9	-0.000 738***	0.025 5	-0.000 704***	-0.000 084 9**	0.356**	-0.001 85***	0.354**	-0.001 73***
	(-0.14)	(0.25)	(-21.85)	(0.24)	(-21.52)	(-1.98)	(2.50)	(-15.99)	(2.48)	(-15.45)
滞后一期资产负债率	0.000 022 1	-0.016 3**	0.002 33***	-0.016 3**	0.002 23***	0.000 057 0***	-0.004 54	-0.000 355***	-0.004 51	-0.000 328***
	(0.18)	(-2.08)	(20.26)	(-2.10)	(19.97)	(5.22)	(-0.86)	(-11.50)	(-0.86)	(-10.79)
自由现金流	0.005 12	0.056 5***	0.002 26	0.056 2***	0.002 18	-0.000 025 1	0.015 4	-0.005 59*	0.015 1	-0.005 57**
	(1.62)	(2.76)	(1.08)	(2.76)	(1.05)	(-0.03)	(1.01)	(-1.95)	(0.99)	(-1.98)
上市年限	0.033 8	-0.256**	-0.034 3***	-0.252**	-0.031 3***	-0.005 83	-0.347***	-0.053 7***	-0.339***	-0.047 1***
	(0.96)	(-2.42)	(-3.63)	(-2.38)	(-3.34)	(-1.35)	(-5.95)	(-5.03)	(-5.86)	(-4.49)
总资产对数值	0.079 8	0.198	-0.305***	0.202	-0.288***	0.055 7**	0.758**	-0.503***	0.780**	-0.474***
	(1.13)	(0.30)	(-7.28)	(0.30)	(-6.97)	(2.38)	(2.15)	(-8.03)	(2.22)	(-7.70)
滞后一期股票收益率	-0.000 380	0.003 32**	0.001 12***	0.003 26**	0.001 06***	-0.000 059 1	0.001 22	0.001 43***	0.001 09	0.001 30***
	(-0.76)	(2.04)	(6.53)	(2.02)	(6.26)	(-0.76)	(1.01)	(6.41)	(0.90)	(5.97)
滞后一期新增投资	-0.014 5***	0.046 6	0.094 7***	0.035 2	0.083 8***	-0.023 6***	0.017 1	0.095 9***	0.002 66	0.082 3***
	(-4.92)	(1.62)	(7.99)	(1.22)	(7.17)	(-9.88)	(0.70)	(7.72)	(0.11)	(6.74)
截距项	-1.182	1.699	8.115***	1.460	7.607***	-0.342	-10.66	13.04***	-11.33	12.23***
	(-0.61)	(0.12)	(9.67)	(0.11)	(9.20)	(-0.71)	(-1.41)	(10.07)	(-1.51)	(9.60)

注：括号内为 t 统计量，* $p<0.1$，** $p<0.05$，*** $p<0.01$。

5.5 小结

本章从理论和实证两个维度，分析了股价信息含量对企业投资效率，以及企业投资过度和企业投资不足的影响。理论分析结果认为，股价信息含量作为股票投资者所掌握的公司层面信息在股价中的反应，可以作为公司管理者进行投资决策时的重要参考信息，因而会对企业的投资效率产生一定的影响。从实证分析结果来看，股价信息含量对于企业投资效率的提升确实具有一定的促进作用，但是这种促进作用相对微弱。即使在考虑了测量误差、解释变量的内生性和样本选择对估计结果可能产生的影响以后，一系列的稳健性检验结果都表明本章的计量结果具有一定的可靠性。本书认为股价信息含量对于企业投资效率的影响不够显著这一结论是具有一定合理性的，比如股价信息含量是否是上市公司所需要而又没掌握的信息等因素都可能会弱化股价信息含量对企业投资效率的影响大小。

本书的结论具有一定的政策含义。第一，股价信息含量作为影响企业投资效率的因素之一，应该引导股票市场投资者的股票交易动机和规范股票投资者的股票交易行为，激励投资者在进行股票投资时更多地关注公司层面的信息。第二，当前股价信息含量对于企业投资效率的影响还相对较弱，需要探讨背后的各种原因，然后通过各种措施来强化股价信息含量引导企业资本配置的功能。

6 现金分红对上市公司的投资效率的作用机制研究

如前文所述，上市公司现金分红对于股价信息含量具有正向影响，而股价信息含量对于上市公司的投资效率又具有正向影响，如果这一作用机制能够顺利传递，那么不难得出以下结论：上市公司现金分红对于其投资效率存在正向的影响。如果这一命题成立，那么上市公司为了提高自身的投资效率，就可能会特别注重其股票的现金分红。但是，现实情况是中国上市公司长期以来都并不是太重视股票的现金分红，对于其股票投资者未能提供合理的投资回报，以至于证监会于 2008 年 10 月通过发布《关于修改上市公司现金分红若干规定的决定》这一半强制手段，对上市公司现金分红制度的安排做出了严格的规定。因此，本书认为有必要对“上市公司现金分红是否会通过股价信息含量这一途径影响其投资效率”这一问题进行检验或验证。本章内容的结构安排如下：第一部分通过理论分析，进而提出本书的研究命题；第二部分是根据理论分析构建合适的计量模型，并对研究方法和样本数据进行介绍；第三部分是计量结果及其经济解释；第四部分是研究结论和相关启示。

6.1 理论分析与待检验问题

6.1.1 理论分析

从逻辑上来讲，只要上市公司现金分红对于股价信息含量的影响，以及股价信息含量对于上市公司的投资效率的影响都显著，那么上市公司的现金分红对于企业的投资效率就会具有显著的影响。但是，上市公司现金分红对于企业投资效率具有正向影响并不能说明就是现金分红提升了股价信息含量，进而促进了企业投资效率这一机制在发挥作用。因为，上市公司现金分红对于股价信息含量的影响，以及股价信息含量对于上市公司的投资效率的影响都显著仅仅是上市公司现金分红对于企业投资效率具有正向影响的充分条件，但不是必要条件。

事实上，上市公司现金分红对其投资效率的影响，并不局限于本书中所分析的“上市公司现金分红影响股价信息含量，进而影响上市公司投资效率”这一作用机制。除此之外，上市公司现金分红对其投资效率的影响，还存在其他的一些作用机制。国内外学者从信息不对称、代理理论等视角讨论了上市公司股利政策对其投资效率的直接影响。

Hart 和 Moore（1990）从契约观角度出发指出，上市公司的控制权，包括特定控制权和剩余控制权，都应该完全由股东掌握。但是，在现代企业所有权结构下，并不是所有的公司股东都会参与到公司的全部经营决策中，而是职业经理人受托于股东作为最终代理人。由于上市公司经营权和所有权的分离，由此也就存在严重的委托代理问题。大量文献认为，委托代理问题正是引起上市公司投资效率偏低的重要原因。虽然 Miller 和 Modigliani（1961）认为，在完美资本市场的情形中，上市公司的股利政策与其投资决策是相互独立的，但是随着信息经济学的兴起，现代股利政策理论还从改善公司治理的角度对股利政策进行了分析，并肯定了股利分配对于公司治理的积极作用。例如，Fazzari 等人（1988），以及 Vogt（1994）等学者的文献从投资-现金流敏感度角度进行分析，认为成长性高且面临融资约束的企业减少股利支付可以提高其投资效率。

通过上述分析可知，现金分红与上市公司投资效率之间的逻辑关系可以用图 6.1 表示。从图 6.1 可以看出，现金分红对于上市公司投资效率的影响，可能存在以下几种情况：一是上市公司现金分红对其投资效率不存在任何形式的影响；二是上市公司现金分红可能通过影响股价信息含量而影响其投资效率，但是其他的直接影响机制不显著；三是上市公司现金分红可能通过影响股价信息含量而影响其投资效率这一机制不显著，但是其他的直接影响机制显著；四是各种作用机制都显著。因此，“上市公司现金分红影响股价信息含量，进而影响上市公司投资效率”这一作用机制是否成立，以及这一作用机制是不是上市公司现金分红影响其投资效率的主要途径，都是需要回答的问题。

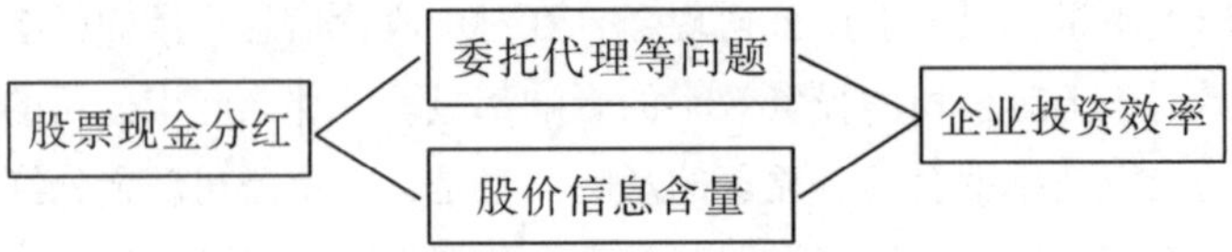

图 6.1　上市公司现金分红对投资效率产生影响的机制

6.1.2 待检验问题

本书关注的是“上市公司现金分红影响股价信息含量，进而影响上市公司投资效率”这一作用机制。首先，这一作用机制最终成立的必要条件是“上市公司现金分红对其投资效率具有正向的影响”。其次，即使现金分红对于上市公司投资效率存在影响，“上市公司现金分红影响股价信息含量，进而影响上市公司投资效率”这一作用机制既可能在发挥作用，也可能没发挥作用。因此本章需要检验的两个问题是：

待检验问题 6.1：现金分红是否对上市公司投资效率产生了正向影响？

待检验问题 6.2：现金分红对上市公司投资效率产生影响的主要作用机制是什么？

6.2 研究设计

6.2.1 研究思路介绍

本书的分析中，股价信息含量是上市公司现金分红影响其投资效率的中介变量，而且除了股价信息含量这一中介变量的影响机制外，可能还存在其他直接或间接的作用机制。因此，直接将上市公司投资效率对现金分红进行回归，只能得出现金分红对投资效率的总体影响，但是对于理解是什么途径在发挥作用并没有太多的帮助。更为重要的是，本章期望识别出股价信息含量这一中介变量是不是上市公司现金分红影响企业投资效率的重要途径。因此，本章的研究，实际上就是考察股价信息含量对于“上市公司现金分红影响企业投资效率”的中介效应。

对于中介效应模型的研究思路如下：假设 X 通过 Z 对 Y 产生影响，那么首先要确定 X 对 Z 和 Z 对 Y 的影响是存在的；其次 X 对 Y 的总体影响要存在；最后考察在控制了 Z 对 Y 的影响后，X 对 Y 的影响发生了什么变化，如果控制了 Z 的影响以后，X 对 Y 的影响不再显著，那么 Z 就是重要的作用机制，反之则不然。

6.2.2 计量模型构建

基于上述思路和前述章节已经证实了“上市公司现金分红对股价信息含量的影响”和“股价信息含量对投资效率的影响”，本章需要再重点构造两组计量方程，并进行计量分析。其中，第一组计量方程是从总体上估计现金分红对上市公司投资效率的影响，具体回归方程构建如下：

$$efficiency_{it} = \beta_0 + \beta_1 div_{it} + \delta x + \varepsilon_{it} \tag{6.1}$$

$$underinvest_{it} = \beta_0 + \beta_1 div_{it} + \delta x + \varepsilon_{it} \tag{6.2}$$

$$overinvest_{it} = \beta_0 + \beta_1 div_{it} + \delta x + \varepsilon_{it} \tag{6.3}$$

式 6.1、式 6.2 和式 6.3 分别是选取了 $efficiency_{it}$、$underinvest_{it}$ 和 $overinvest_{it}$ 三个变量作为上市公司投资效率的代理变量，解释变量均为上市公司的现金分红 dev_{it}。式 6.1、式 6.2 和式 6.3 中的控制变量和第 5 章中式 5.1、式 5.2 和式 5.3 中的控制变量一一对应。

第二组计量方程是检验"股价信息含量"对"上市公司现金分红对股价信息含量的影响"的中介效应，具体回归方程构建如下：

$$efficiency_{it} = \beta_0 + \beta_1 div_{it} + \beta_2 pi_{it} + \delta x + \varepsilon_{it} \tag{6.4}$$

$$underinvest_{it} = \beta_0 + \beta_1 div_{it} + \beta_2 pi_{it} + \delta x + \varepsilon_{it} \tag{6.5}$$

$$overinvest_{it} = \beta_0 + \beta_1 div_{it} + \beta_2 pi_{it} + \delta x + \varepsilon_{it} \tag{6.6}$$

式 6.4、式 6.5 和式 6.6 就是在式 6.1、式 6.2 和式 6.3 的解释变量中控制股价信息含量这一影响因素。

要判断股价信息含量的中介效应是否存在，只需要对比式 6.1、式 6.2、式 6.3 和式 6.4、式 6.5、式 6.6 即可。如果在回归方程中控制了股价信息含量以后，现金分红对于投资效率的影响显著下降，则表明股价信息含量是现金分红影响投资效率的重要中介变量；如果在回归方程中控制了股价信息含量以后，现金分红对于投资效率的影响系数变化不大，则表明股价信息含量作为现金分红影响投资效率的中介变量，其中介效应并不显著。

6.2.3 模型估计方法介绍

本章也是采用面板数据进行分析，考虑到个体异质性的影响，本章首先采用固定效应模型对上述回归方程进行均值回归分析。在随机扰动项服从零均值且同方差分布的假定下，该方法得到的参数估计量是最佳线性无偏估计。但是，对于现实中的样本数据而言，上述假设并不能完全满足。为了弥补均值回归的缺陷，本章又采用 Koenker 和 Bassett（1978）提出的分位数回归（Quantile regression）方法进行回归分析。与均值回归相比，分位数回归是根据被解释变量的条件分位数对所有的解释变量进行回归。因此，当解释变量对于不同分位的被解释变量存在不同的影响时，分位数回归能够较为精确地刻画分布特征，其结果比均值回归更加稳健。

除了现金分红对上市公司投资效率的平均影响，本书还关心现金分红对上市公司投资效率的影响是否会随着上市公司投资效率水平的不同而有所不同，以及现金分红对不同投资效率水平的上市公司产生不同影响的这种变化趋势又是怎样的。虽然可以按照上市公司的投资效率将其从低到高的顺序排列分组，然后用前述方法进行回归，以检验现金分红对不同投资效率的上市公司的影响差异，但是这样的处理会显得相对烦琐，故本书主要采用分位数回归方法来解决这一问题。

分位数回归法采用的是加权残差绝对值之和的方法对模型中的估计参数进行估计，它具有一些良好的性质和优点。第一，分位数回归不需要对模型中扰动项的分布做任何假定，其回归结果因而具有很强的稳健性。第二，分位数回归是在被解释变量的不同分位点上进行回归，因此对于样本数据中的极端值或异常点具有一定的耐抗性。第三，在大样本下，分位数回归得到的参数估计量具有渐近优良性。正是由于分位数回归这一系列的优良性质，分位数回归在各个领域得到了广泛的运用和迅速的发展。因此，在本章中，也将采用分位数回归考察不同投资效率的上市公司，其现金分红对于其投资效率的影响是否存在差异。

6.2.4 变量选取与数据说明

本章所采用的变量和前述章节的变量是完全对应的，并且在前述章节中已经分别进行了详细介绍，此处不再赘述。数据来源也和前述章节的数据来源完全一致。因此，有关变量的定义及其描述性统计，在此处省略。

6.3 参数估计及结果分析

6.3.1 均值回归结果

如果对式 6.1、式 6.2、式 6.3、式 6.4、式 6.5 和式 6.6 直接进行最小二乘回归，可能会因为每个上市公司存在不可观测的异质性问题而使得模型中的扰动项与关注变量相关，从而引起内生性问题。因此，本章首先也需要采用 Hausman 检验来确定是采用随机效应模型进行估计，还是采用固定效应模型进行估计。

表 6.1 报告了式 6.1、式 6.2、式 6.3、式 6.4、式 6.5 和式 6.6 关于固定效应模型和随机效应模型选择的 Hausman 检验结果。对于式 6.1 和式 6.4，Hausman 检验显著拒绝原假设，即认为应该采用固定效应模型进行估计。对于

式6.2、式6.3、式6.5和式6.6，在进行模型选择时，本章依然是将实际投资超过（低于）理想投资水平5%的部分定义为过度投资（投资不足）的代理指标，然后进行回归分析和检验，以判断应该选择固定效应模型还是随机效应模型。对于式6.2、式6.3、式6.5和式6.6，Hausman检验结果也都显著拒绝原假设，即认为应该采用固定效应模型进行估计。

表6.1　　固定效应和随机效应检验

计量方程	Chi2统计量［P值］	结论
式6.1	467.47［0.000 0］	固定效应
式6.2	452.16［0.000 0］	固定效应
式6.3	648.20［0.000 0］	固定效应
式6.4	576.61［0.000 0］	固定效应
式6.5	396.59［0.000 0］	固定效应
式6.6	753.21［0.000 0］	固定效应

表6.2报告了式6.1、式6.2和式6.3的固定效应模型估计结果。考虑到可能存在异方差问题，本章采用的是异方差稳健标准差。

从第一列的回归结果可知，现金分红率每提高1个百分点，企业的无效投资将减少0.006个单位，但是在统计意义上并不是特别显著。从第2列和第4列的回归结果可知，现金分红率每提高1个百分点，企业的过度投资将减少0.03个百分点，但是在统计意义上也不显著。从第3列和第5列的回归结果可知，现金分红率每提高1个百分点，企业的投资不足仅仅减少0.003个百分点，影响更加微弱。

对于其余一些控制变量的估计，其参数符号和系数大小与前述的相关计量分析结果都十分接近，也都具有合理的经济含义。因此，此处不再对其分别进行介绍。

表6.2　　现金分红对投资效率的影响

	企业投资效率	投资过度1	投资不足1	投资过度2	投资不足2
现金分红	−0.006 11	−0.033 7	−0.003 76	−0.033 5	−0.003 32
	(−1.16)	(−1.61)	(−0.40)	(−1.61)	(−0.36)
滞后一期现金持有	0.001 24*	0.107***	0.050 7***	0.103***	0.046 9***
	(1.75)	(7.44)	(21.43)	(7.18)	(20.11)

表6.2(续)

	企业投资效率	投资过度1	投资不足1	投资过度2	投资不足2
滞后一期托宾Q值	-0.000 014 9	0.038 3	-0.000 290***	0.037 7	-0.000 274***
	(-1.51)	(0.71)	(-6.40)	(0.70)	(-5.94)
滞后一期资产负债率	0.000 053 7*	-0.000 390	0.000 820***	-0.000 392	0.000 775***
	(1.69)	(-0.09)	(5.41)	(-0.09)	(5.02)
自由现金流	0.000 691	0.027 1**	-0.000 874	0.026 8**	-0.000 945
	(1.36)	(2.29)	(-0.57)	(2.29)	(-0.62)
上市年限	-0.007 94***	-0.355***	-0.048 8***	-0.348***	-0.042 9***
	(-3.05)	(-6.96)	(-7.03)	(-6.84)	(-6.26)
总资产对数值	0.024 1*	0.508	-0.402***	0.521*	-0.381***
	(1.89)	(1.65)	(-11.89)	(1.70)	(-11.40)
滞后一期股票收益率	0.000 051 9	0.002 34***	0.001 55***	0.002 25***	0.001 44***
	(1.01)	(2.84)	(10.74)	(2.74)	(10.13)
滞后一期新增投资	-0.018 9***	0.029 4*	0.103***	0.016 3	0.089 2***
	(-12.48)	(1.69)	(12.61)	(0.94)	(11.13)
截距项	0.316	-5.173	10.43***	-5.630	9.802***
	(1.21)	(-0.79)	(15.10)	(-0.87)	(14.34)

注：括号内为 t 统计量，* $p<0.1$，** $p<0.05$，*** $p<0.01$。

表6.3显示了式6.4、式6.5和式6.6的固定效应模型估计结果。考虑到可能存在异方差问题，采用的也是异方差稳健标准差。

首先，表6.3所示的股价信息含量对于企业投资效率、企业过度投资和企业投资不足的影响方向及其影响大小，与表5.4所示的结果较为一致。说明本章的计量结果较为稳健可靠。

其次，第一列显示，在控制了股价信息含量以后，现金分红对于企业投资效率的影响系数的绝对值变小，由表6.2的0.006下降到了表6.3的0.004。第二列和第四列显示，在控制了股价信息含量的影响以后，现金分红对于企业过度投资的影响系数的绝对值由0.03下降到了0.02左右。同样，第三列和第五列则表明，控制了股价信息含量以后，现金分红对于企业投资不足的影响系数的绝对值则由0.003下降到了0.001左右。

最后，对于其余一些控制变量的估计，其参数符号和系数大小与第5章的相关计量分析结果都十分接近，在第5章对这些控制变量估计结果的经济含义也都给予了合理的经济解释。因此，此处没有必要再重新对其一一进行介绍。

表 6.3　　股价信息含量的中介效应检验

	企业投资效率	投资过度 1	投资不足 1	投资过度 2	投资不足 2
现金分红	-0.003 9	-0.019 6	-0.001 21	-0.019 6	-0.001 87
	(-1.15)	(-1.60)	(-0.10)	(-1.60)	(-0.50)
股价信息含量	-0.066 8	-0.124	-0.006 55	-0.124	-0.006 50
	(-1.06)	(-1.34)	(-1.30)	(-1.35)	(-1.29)
滞后一期现金持有	0.001 09	0.108***	0.047 6***	0.103***	0.043 8***
	(1.32)	(7.10)	(18.41)	(6.86)	(17.19)
滞后一期托宾 Q 值	-0.000 005 14	0.032 6	-0.000 319***	0.030 7	-0.000 304***
	(-0.80)	(0.27)	(-14.12)	(0.25)	(-13.89)
滞后一期资产负债率	0.000 022 2	-0.008 24	0.000 920***	-0.008 23	0.000 882***
	(1.03)	(-1.21)	(13.27)	(-1.22)	(13.07)
自由现金流	0.000 939	0.028 8**	-0.000 677	0.028 7**	-0.000 726
	(1.49)	(2.45)	(-0.37)	(2.45)	(-0.40)
上市年限	-0.007 61***	-0.322***	-0.052 4***	-0.315***	-0.046 5***
	(-2.80)	(-6.01)	(-7.30)	(-5.90)	(-6.57)
总资产对数值	0.031 4**	0.498	-0.393***	0.509	-0.372***
	(2.20)	(1.48)	(-10.83)	(1.52)	(-10.40)
滞后一期股票收益率	0.000 059 5	0.002 58**	0.001 54***	0.002 49**	0.001 43***
	(1.11)	(2.54)	(10.53)	(2.47)	(9.93)
滞后一期新增投资	-0.019 1***	0.035 1*	0.102***	0.022 2	0.088 8***
	(-11.64)	(1.93)	(11.79)	(1.22)	(10.41)
截距项	0.174	-4.487	10.32***	-4.916	9.690***
	(0.59)	(-0.63)	(13.98)	(-0.70)	(13.32)

注：括号内为 t 统计量，* $p<0.1$，** $p<0.05$，*** $p<0.01$。

6.3.2　分位数估计结果

采用分位数回归，首先需要对分位点进行确定。当然，分位点的确定具有一定的随意性，可以根据研究需要自行设定。考虑到本章需要估计的计量方程相对较多，为了节约图表篇幅，本书主要选择了 0.2、0.4、0.6 和 0.8 这 4 个代表性的分位点，然后进行分位数回归。同时，被解释变量仅选取了实际投资率与理想投资率之间的差距作为被解释变量，而没有对“投资不足”和“投资过度”两种无效投资进行分析。

首先，式 6.1、式 6.2 和式 6.3 的分位数回归结果如表 6.4 所示。在 0.2 分位点和 0.8 分位点上，现金分红对于企业投资效率的提升作用较为显著，现金分红每增长 1 个百分点，企业无效投资将下降约 0.36~0.46 个百分点。而在 0.4 分位点和 0.6 分位点上，现金分红对企业投资效率的提升作用不太明显，现金分红每增长 1 个百分点，企业的无效投资下降约 0.17 个百分点。

表 6.4　　现金分红影响投资效率的分位数回归结果

	2/10 分位点	4/10 分位点	6/10 分位点	8/10 分位点
现金分红	-0.003 6*	-0.001 7	-0.001 7	-0.004 6*
	(-1.83)	(-0.86)	(-0.93)	(-1.72)
滞后一期现金持有	-0.000 059 1	-0.000 356	-0.000 836**	-0.000 985***
	(-0.23)	(-1.02)	(-2.44)	(-3.42)
滞后一期托宾 Q 值	-0.000 008 25	-0.000 011 3	-0.000 002 71	-0.000 018 7***
	(-1.30)	(-1.24)	(-0.46)	(-5.81)
滞后一期资产负债率	0.000 066 4***	0.000 062 3***	0.000 047 6***	0.000 086 0***
	(3.58)	(2.69)	(3.13)	(10.27)
自由现金流	-0.001 97***	-0.003 33***	-0.002 34***	-0.000 048 2
	(-6.34)	(-7.68)	(-5.91)	(-0.13)
上市年限	0.001 83***	0.003 39***	0.004 18***	0.003 85***
	(3.10)	(4.48)	(6.04)	(7.44)
总资产对数值	-0.007 17***	-0.001 39	0.007 02**	0.014 8***
	(-3.27)	(-0.48)	(2.46)	(6.38)
滞后一期股票收益率	0.000 042 1	0.000 050 6	0.000 074 8*	0.000 037 3
	(1.11)	(1.05)	(1.70)	(1.13)
滞后一期新增投资	-0.008 36***	-0.012 0***	-0.012 1***	0.001 50***
	(-16.75)	(-16.46)	(-16.30)	(2.75)
截距项	0.433***	0.546***	0.584***	0.577***
	(8.78)	(8.38)	(9.20)	(11.18)

注：括号内为 t 统计量，* $p<0.1$，** $p<0.05$，*** $p<0.01$。

其次，式 6.4、式 6.5 和式 6.6 的分位数回归结果如表 6.5 所示。在不同的分位点上，股价信息含量对企业投资效率的影响也是存在差异的，在 0.2 分位点和0.8分位点上，股价信息含量对企业投资效率的促进作用相对显著，而在其他分位点上，股价信息含量对于企业投资效率的影响相对较弱。与表6.4的计量结果相对比，在控制了股价信息含量的影响以后，在不同的分位点上，企业现金分红对于企业投资效率的影响的变化也是存在差异的。具体而言，在0.2分位点和0.8分位点上，现金分红对企业投资效率的影响系数下降幅度较大，而在0.4分位点和0.6分位点上，现金分红对企业投资效率的影响系数变化不大。

表6.5　　股价信息含量中介效应的分位数回归结果

	2/10分位点	4/10分位点	6/10分位点	8/10分位点
现金分红	−0.002 7**	−0.001 6	−0.001 5	−0.001 8*
	(−2.41)	(−1.60)	(−1.40)	(−1.90)
股价信息含量	−0.044 0*	−0.032 3	−0.008 04	−0.090 4**
	(−1.90)	(−1.50)	(−1.35)	(−2.02)
滞后一期现金持有	−0.000 211	−0.000 852**	−0.001 48***	−0.001 44***
	(−0.74)	(−2.22)	(−3.92)	(−4.63)
滞后一期托宾Q值	−0.000 008 19	−0.000 009 88	−0.000 000 563	−0.000 001 55
	(−1.12)	(−0.94)	(−0.08)	(−0.37)
滞后一期资产负债率	0.000 064 3***	0.000 057 0**	0.000 036 3*	0.000 028 4***
	(2.90)	(2.00)	(1.68)	(2.62)
自由现金流	−0.002 03***	−0.003 51***	−0.002 16***	−0.000 028 4
	(−5.19)	(−7.05)	(−4.53)	(−0.07)
上市年限	0.002 39***	0.004 47***	0.004 89***	0.004 14***
	(3.15)	(4.65)	(5.52)	(6.50)
总资产对数值	−0.011 3***	−0.007 49**	−0.000 695	0.013 9***
	(−4.53)	(−2.29)	(−0.22)	(5.43)
滞后一期股票收益率	0.000 045 3	0.000 056 2	0.000 088 7*	0.000 046 0
	(1.15)	(1.12)	(1.91)	(1.35)
滞后一期新增投资	−0.008 25***	−0.011 3***	−0.010 7***	0.002 87***
	(−14.69)	(−14.07)	(−13.06)	(4.93)
截距项	0.516***	0.672***	0.753***	0.605***
	(9.19)	(9.17)	(10.45)	(10.59)

注：括号内为 t 统计量，* $p<0.1$，** $p<0.05$，*** $p<0.01$。

6.3.3 结果分析

首先，本章的计量结果发现，在控制了股价信息含量之后，现金分红对上市公司投资效率的影响系数会相对变小，这意味着“上市公司的现金分红通过影响公司股票的股价信息含量，进而影响到公司的投资效率”确实是现金分红对企业投资效率产生影响的一个作用机制。这一结论和本书的理论逻辑是完全一致的。之所以在控制了股价信息含量后，现金分红对企业投资效率的影响系数依然较大，这主要是因为现金分红对企业投资效率可能还存在其他的作用机制，这不是本书分析的重点，因此在此不做解释。

其次，本章的计量结果表明，总体而言，现金分红对于企业投资效率的影响并不是特别显著。这可能是由于现金分红对股价信息含量的影响系数相对较小，或者是股价信息含量对企业投资效率的影响系数相对较小，再或者是两者的影响系数都太小而导致的，导致“现金分红影响股价信息含量”和“股价信息含量影响企业投资效率”的乘积效应就更小了。

最后，本章的计量结果还表明，在不同的分位点上，现金分红和股价信息含量对于企业投资效率的影响存在一定的差异。至于为什么在不同的分位点会存在差异，本章没有能提供更多的解释。但是，上述结果意味着，现金分红和股价信息含量对企业投资效率产生影响可能是存在一定必要条件的，对于不同企业而言，现金分红对于企业投资效率的影响大小可能是存在差异的。对此，在下一章中，将为其提供一个可能的解释。

6.4 小结

本章基于中介效应模型，构建了检验“股价信息含量”是不是“现金分红”影响“企业投资效率”的作用机制的计量模型。然后，运用上市公司面板数据对其进行回归分析。实证研究发现，股价信息含量确实是现金分红影响企业投资效率的一个中间变量，而且除了股价信息含量之外，现金分红还可能会通过其他途径对企业的投资效率产生影响。虽然，从总体来看，现金分红对于企业投资效率的影响并不是特别显著。但是，这并不意味着现金分红对于企业投资效率产生影响这一作用机制就不重要。因为对于不同的企业而言，现金分红对于企业投资效率的影响可能也是存在差异的，加强现金分红对于一部分企业投资效率的提升可能是具有显著的促进作用的。

7 现金分红影响投资效率的门槛特征分析

第5章验证了上市公司股票现金分红对其股票价格信息含量的影响，第6章验证了股价信息含量对于上市公司投资效率的影响，根据这一逻辑，上市公司的现金分红比例增加，有利于其投资效率的提升。但是，由此也产生了一个疑问：既然上市公司现金分红能够促进股价信息含量的提升，而股价信息含量的提升又有助于上市公司投资效率的提高，那么为什么随着一些上市公司的现金分红增加了，但是其投资效率并没有显著提高？对此问题，本章提出了一个解释，即上市公司现金分红对于股价信息含量的提升作用，以及股价信息含量对于上市公司投资效率的促进作用都是具有一定门槛特征的。

本章内容的主要结构如下：第一部分通过理论分析，进而提出上市公司现金分红对于股价信息含量的提升作用，以及股价信息含量对于上市公司投资效率的促进作用所具有的门槛特征；第二部分设定合适的计量模型以检验相关假说，并对研究方法进行介绍；第三部分是变量的选取和数据说明；第四部分是计量结果及经济解释；第五部分是研究结论和相关启示。

7.1 理论分析与研究假说

7.1.1 理论分析

在本书的逻辑框架下，上市公司现金分红要对其投资效率产生影响，必须要“现金分红影响股价信息含量”和“股价信息含量影响投资效率”两个机制都发挥作用，任何一个作用机制不成立，都会使得本书提出的“现金分红影响投资效率”的结论不成立。因此，接下来将从“现金分红影响股价信息含量”和“股价信息含量影响投资效率”两个角度分析为什么不是所有的上市公司现金分红增加都提升了投资效率这一现象。

虽然第5章的理论分析认为，上市公司的管理者可以通过对股票价格中所包含的信息含量的学习和认知，可以帮助其更加有效地制定公司的投资决策，而且股票价格中所包含的信息含量越多，上市公司的管理者也就能够获得更多的信息，使得其投资效率更高。但是，这一逻辑推理成立的前提条件是上市公司的管理者确定会参考股票价格所包含的信息含量。然而，现实中的上市公司管理者在进行投资决策时是否会学习股票价格中所包含的信息含量，仍然是一个有待商榷的问题。例如，在晏艳阳和宋相群（2013）的研究中发现，在大多数情况下，股价信息含量高的上市公司未来三年平均的资产收益率低于股价信息含量低的上市公司未来三年平均的资产收益率，即股价信息含量并没有显著提高上市公司的投资效率，甚至有时候对于上市公司的投资效率表现出负向的影响。对此，晏艳阳和宋相群（2013）就认为，股价信息含量与上市公司的投资效率两者之间并不是一个严格的正向线性关系，一个重要的原因可能是股价信息含量低的上市公司的管理者在进行投资决策时并没有利用其股票价格中所包含的公司层面的特质信息。

上市公司的管理者之所以对其股票价格中所包含的对于公司未来投资决策具有指导意义的信息不太关注，文献中也给出了一些解释，其中委托代理问题被认为是一个重要的原因。当存在委托代理问题时，如果缺乏激励相容的激励机制和限制措施时，上市公司的管理者可能出于利己动机而不将公司价值最大化作为其行动目标，其投资决策也就是根据自己的意愿而制定。因此，股价信息含量并不会提高上市公司的投资效率。然而，本书认为委托代理问题并不是上市公司管理者不关注股票价格中所包含的信息含量的根本原因，一方面是因为委托代理问题总是能通过一些恰当的机制设计而得到弱化，另一方面是因为即使上市公司管理者是以自身利益最大化为目标，在进行投资决策时也可能需要利用其股票价格中所包含的信息含量。

相比较而言，上市公司管理者从公司股价中获得相关信息的收益和成本对比才是上市公司管理者是否关注股价信息含量的根本因素。股票价格虽然能反映公司未来的盈余信息，但是股票价格的信息含量具有隐蔽性，需要上市公司的管理者花费一定的成本（包括时间成本、体力成本和脑力成本）才能从中获取相关的知识，而且这些为了从股票价格中获取相关知识的成本和上市公司管理者最终从股票价格中所得到的信息含量的多少并没有直接的关系。这就意味着，上市公司管理者有可能花费了巨大的成本却没有从股票价格中获取到特别有价值的信息。显然，在这种情况下，理性的上市公司管理者就不应该企图从股票价格中学习有关投资决策的信息。由此，本书认为股票价格自身信息含量的高低是决定上市公司管理者是否关注股价信息含量的关键因素。

同样道理，上市公司股票现金分红会影响其股价信息含量这一逻辑推理的成立也是需要其前提条件的，即证券市场的股票投资者愿意关注公司层面的长期盈利信息。虽然从理论上讲，股票价格会受到公司未来经营业绩的影响，但是现实中的股票投资者在进行股票交易的时候是否会考察公司层面的信息，也是有待商榷的。例如，宋逢明、姜琪和高峰（2010）就发现中国上市公司的股票收益波动与公司层面的经营业绩并不显著相关，这意味着证券市场的股票投资者可能并不关心公司层面的相关信息。

和“股价信息含量对投资效率的影响具有门槛特征”一样，上市公司现金分红对于股价信息含量的影响也是存在一定门槛特征的。一方面，股价信息含量的高低取决于现金分红对于股票市场的投资者构成和投资者行为的影响。当现金分红较低时，显然投资股票获取现金股利的收益低于其他投资收益，就会挤出一部分证券市场的参与者，而且被挤出的主要是长期投资型的股市参与者，最后充斥证券市场的则是寻求投机机会的股市参与者。投机性的股票交易动机决定了股票投资者并不会关注公司层面的长期盈利信息，从而其股票价格中所包含的公司层面的特质信息也就较少。另一方面，股市投资者要学习和了解上市公司未来盈利能力的信息等也是需要花费较大成本的，当现金股利分红太低时，股票投资者从学习公司层面信息的活动中得到的收益和成本是不匹配的，因此股票投资者也不会有足够的动力去深入研究公司层面的特质信息。

7.1.2 研究假说

通过理论分析可知：股价信息含量越高，上市公司的管理者越有可能关注和利用股价信息含量，进而实现更加有效的投资决策；如果股价信息含量太低，上市公司的管理者则可能不会关注股价变动所反映的投资者所掌握的公司层面的信息。同时，现金分红越高，股票投资者越有动力掌握公司层面的特质信息，股价信息含量也就越高；反之，股票投资者缺乏动力掌握公司层面的特质信息，股价信息含量就很低。进一步地，可以得到推论，现金分红对于上市公司投资效率的总体影响也会具有一定的门槛特征。因此，本章可以得到如下三个待检验的假说：

待检验假说 7.1：上市公司现金分红越少，则现金分红对于股价信息含量的影响越弱；上市公司现金分红越多，则现金分红对于股价信息含量的影响越显著。

待检验假说 7.2：股价信息含量越低，则股价信息含量对于上市公司投资效率的影响越弱；股价信息含量越高，则股价信息含量对于上市公司投资效率的影响越显著。

待检验假说 7.3：上市公司现金分红越少，则现金分红对于上市公司投资效率的影响越弱；上市公司现金分红越多，则现金分红对于上市公司投资效率的影响越显著。

7.2 研究设计

7.2.1 计量模型

为了考察待检验假说 7.1、待检验假说 7.2 和待检验假说 7.3 所阐述的解释变量对被解释变量的影响的门槛特征，最简单的方法是根据调节变量对样本进行分组，然后考察在不同的子样本中，解释变量对被解释变量的影响所表现出的区间效应。但是，该方法的一个不足之处就是，对每一个子样本分别进行回归，就没有充分利用到全样本的信息。为了克服这一问题，本章运用样本进行回归，将关注的解释变量与根据调节变量生成的分段虚拟变量的交互项作为解释变量，建立所谓的面板门槛模型。

首先，为了检验股价信息含量对于上市公司投资效率的影响是否随着股价信息含量本身的不同而表现出的非线性关系，本章建立如式 7.1 所示的面板门槛模型：

$$efficiency_{it} = \mu_i + \theta x_{it} + \beta_1 pi_{it} \cdot I(pi_{it} \leq \gamma_1) + \beta_2 pi_{it} \cdot I(\gamma_1 < pi_{it} \leq \gamma_2) + \cdots + \beta_{n+1} pi_{it} \cdot I(pi_{it} > \gamma_n) + \varepsilon_{it} \tag{7.1}$$

其中，i 表示上市公司，t 表示年份，上市公司投资效率 $efficiency_{it}$ 是被解释变量，股价信息含量 pi_{it} 是关注变量，x 是其他一些控制变量，控制变量与第 5 章式 5.1 中的控制变量一致。同时，pi_{it} 是门槛变量，γ_n 是第 n 个门槛值，$I(\cdot)$ 是指标函数，当且仅当括号中的条件满足时取值为 1，否则为 0。

其次，为了检验上市公司现金分红对于股价信息含量的影响是否随着上市公司现金分红的不同而表现出的非线性关系，本章建立了如式 7.2 所示的面板门槛模型：

$$pi_{it} = \mu_i + \theta x_{it} + \beta_1 div_{it} \cdot I(div_{it} \leq \gamma_1) + \beta_2 div_{it} \cdot I(\gamma_1 < div_{it} \leq \gamma_2) + \cdots + \beta_{n+1} div_{it} \cdot I(div_{it} > \gamma_n) + \varepsilon_{it} \tag{7.2}$$

其中，股价信息含量 pi_{it} 是被解释变量，上市公司的现金分红 div_{it} 是关注变量，同时也是门槛变量，x 是其他一些控制变量，控制变量与第 4 章式 4.1 中的控制变量一致。

最后，为了检验上市公司现金分红对于其投资效率的影响是否会随着上市公司现金分红的不同而表现出的非线性关系，本章建立了如式 7.3 所示的面板门槛模型：

$$efficiency_{it} = \mu_i + \theta x_{it} + \beta_1 div_{it} \cdot I(div_{it} \leq \gamma_1) + \beta_2 div_{it} \cdot I(\gamma_1 < div_{it} \leq \gamma_2) + \cdots + \beta_{n+1} div_{it} \cdot I(div_{it} > \gamma_n) + \varepsilon_{it} \quad (7.3)$$

其中，上市公司投资效率 $efficiency_{it}$ 是被解释变量，上市公司的现金分红 div_{it} 是关注变量，同时也是门槛变量，x 是其他一些控制变量，控制变量与第 5 章式 5.1 中的控制变量一致。

在本书的理论逻辑下，无论是对于式 7.1、式 7.2，还是式 7.3，根据理论预期都有 $\beta_i \geq 0$，且 $\beta_i > \beta_k$ 对于任意 $i > k$ 都成立。

7.2.2 估计方法

首先，μ_i 是各地区不可观测的个体异质性，为了保证参数估计值的一致性，本书假定这些不可观测的个体异质性是不随时间而变化的，因此在参数估计时可以采用组内除均值的方法消除个体效应 μ_i 。其次，对于式 7.1、式 7.2 和式 7.3 所示的多重门槛模型，首先需要确定模型中的门槛个数和对应的门槛值。为了避免对门槛变量进行人为分段所带来的参数估计偏误，本书参照连玉君和程建（2006）的做法，根据样本数据的特点内生地决定式 7.1、式 7.2 和式 7.3 中的门槛数量及其门槛值。需要特别指出的是，式 7.1、式 7.2 和式 7.3 中的门槛个数 n 可能较大，但是考虑到样本的有限性和运算的便捷性，本书在确定式 7.1、式 7.2 和式 7.3 中的门槛个数时，仅仅考虑了“单一门槛”“双重门槛”和“三重门槛”三种情形，并从中选取合适的模型。

7.2.3 变量选取与数据说明

和第 6 章一样，本章所采用的变量和前述章节的变量是完全对应的，并且在前述章节中已经分别进行了详细介绍，数据来源也和前述章节的数据来源完全一致。因此，有关变量的定义及其描述性统计，此处也不再赘述。需要指出的是，本章为了保证采用的是 2004—2015 年的平衡面板数据，所以剔除了 2004 年以后的上市公司，以及存在数据缺失的公司。最终用于计量分析的样本量一共为 758 个上市公司的 9 096 个数据。

7.3 实证分析

7.3.1 参数估计结果

对于式7.1、式7.2和式7.3所示的多重门槛模型，首先需要确定计量模型中的门槛个数和对应的门槛值，然后再估计出当门槛变量处于不同区间时，关注变量对于被解释变量的影响大小。对于式7.1、式7.2和式7.3的门槛个数的统计检验结果如表7.1所示。

对于式7.1，单一门槛效果检验、双重门槛效果检验和三重门槛效果检验的F统计量均取值较大，且均在5%或1%的显著性水平上统计显著。因此，对于式7.1将采用三重面板门槛模型进行计量分析。对于式7.2，虽然双重门槛效果检验的F值相对较小，小于10%的显著性水平上的临界值，但是单一门槛效果检验和三重门槛效果检验的F统计量均取值较大，且在1%的显著性水平上统计显著。所以，对于式7.2，依然采用三重面板门槛模型进行计量分析。对于式7.3，单一门槛效果检验、双重门槛效果检验和三重门槛效果检验的F统计量均取值较大，且均在1%的显著性水平上统计显著。因此，对于式7.3也采用三重面板门槛模型进行计量分析。

表7.1 门槛效果检验

		F值	P值	BS次数	不同显著性水平的临界值		
					1%	5%	10%
式7.1	单一门槛检验	5.442**	0.037	300	11.964	4.556	3.383
	双重门槛检验	10.371***	0.000	300	7.213	4.514	3.147
	三重门槛检验	11.013***	0.007	300	8.319	3.897	2.774
式7.2	单一门槛检验	40.571***	0.000	300	33.184	23.878	19.680
	双重门槛检验	11.730	0.103	300	19.245	14.106	12.045
	三重门槛检验	7.477***	0.010	300	7.311	4.283	2.830
式7.3	单一门槛检验	12.305***	0.000	300	6.226	3.994	3.116
	双重门槛检验	8.274***	0.007	300	7.389	4.017	2.964
	三重门槛检验	10.320***	0.003	300	7.829	4.993	3.468

注：P值和临界值均由自助抽样法反复抽样300次得到。

对于式7.1、式7.2和式7.3的估计结果如表7.2所示。考虑到本书主要是关注现金分红对股价信息含量、股价信息含量对企业投资效率，以及现金分红对企业投资效率的影响的门槛特征，所以表 7.2 主要报告了式 7.1、式 7.2 和式 7.3 各自对应的门槛值，以及关注变量的系数在门槛特征变量处于不同取值区间时的系数大小。

首先，式 7.1 的估计结果如表 7.2 的第一列所示。对于式 7.1，门槛特征变量“股价信息含量”的三个门槛值分别是 0.904、0.917 和 5.009。从门槛效应来看，当股价信息含量低于 0.917 时，股价信息含量对于企业投资效率的影响系数为正，与理论预期相反，但统计意义上不显著。当股价信息含量取值介于 0.904 和 0.917 之间时，股价信息含量对于企业投资效率的影响系数为-0.003 6，意味着股价信息含量能够促进企业投资效率提升，但是在统计意义上也不显著。当股价信息含量介于 0.917 和 5.009 之间时，股价信息含量对企业投资效率的影响系数为-0.195 3，股价信息含量对企业投资效率提升的促进作用有所增强，且在 5%的显著性水平上统计显著。当股价信息含量的取值高于 5.009 时，股价信息含量对企业投资效率的影响系数为-0.96，股价信息含量对企业投资效率提升的促进作用进一步显著增强，且在 1%的显著性水平上统计显著。

其次，式 7.2 的估计结果如表 7.2 的第二列所示。对于式 7.2，门槛特征变量“现金分红”的三个门槛值分别是 0.245、0.321 和 0.387。从门槛效应来看，当现金分红率低于 0.245 时，现金分红对于股价信息含量的影响系数为-0.034 6，与理论预期相反，但统计意义上不显著。当现金分红率取值介于 0.245 和 0.321 之间时，现金分红对于股价信息含量的影响系数为 0.015 6，意味着现金分红能够促进股价信息含量提升，且在 1%的显著性水平上统计显著。当现金分红率取值介于 0.321 和 0.387 之间时，现金分红对股价信息含量的影响系数为 0.080 6，现金分红对股价信息含量提升的促进作用有所增强，且在 1%的显著性水平上统计显著。当现金分红率的取值高于 0.387 时，现金分红对股价信息含量的影响系数则高达 0.510 5，现金分红对股价信息含量提升的促进作用大幅度增强，且在 1%的显著性水平上统计显著。

最后，式 7.3 的估计结果如表 7.2 的第三列所示。对于式 7.3，门槛特征变量“现金分红”的三个门槛值分别是 0.323、0.660 和 0.713。从门槛效应来看，当现金分红率低于 0.323 时，现金分红对于企业投资效率的影响系数为 0.002 9，与理论预期相反，但统计意义上不显著。当现金分红率取值介于 0.323 和 0.660 之间时，现金分红对于企业投资效率的影响系数为 0.059 1，与理论预期也相反，但统计意义上也不显著。当现金分红率取值介于 0.660 和

0.713之间时，现金分红对企业投资效率的影响系数为-0.312 2，现金分红对企业投资效率的提升具有正向的促进作用，且在1%的显著性水平上统计显著。当现金分红率的取值高于0.713时，现金分红对企业投资效率的影响系数为-0.451 7，现金分红对企业投资效率提升的促进作用进一步增强，且在1%的显著性水平上统计显著。

表7.2　　门槛特征估计结果

	式7.1	式7.2	式7.3
φ_1	0.782 3 (0.81)	-0.034 6 (-0.87)	0.002 9 (0.69)
φ_2	-0.003 6 (-0.34)	0.015 6*** (2.95)	0.059 1 (1.26)
φ_3	-0.195 3** (-2.23)	0.080 6*** (7.41)	-0.312 2*** (-4.21)
φ_4	-0.960 0*** (-4.15)	0.510 5*** (3.07)	-0.451 7*** (-3.58)
门槛值			
	0.904	0.245	0.323
	0.917	0.321	0.660
	5.009	0.387	0.713

注：只报告了关注变量的估计值，没有报告控制变量的估计结果；*** 代表在1%的显著性水平上统计显著。

7.3.2　结果分析

首先，从现金分红对股价信息含量的影响及其门槛特征来看，经验结果表明，现金分红率越低，现金分红对股价信息含量提升的促进作用越有限，现金分红率越高，现金分红对股价信息含量提升的促进作用越明显。当现金分红率低于0.245时，现金分红的增加并不会明显引起股价信息含量的提升。原因就在于前面所提到的，现金分红太低，不足以让股票投资者将现金分红作为获取股票收益的主要方式，因而股市依然是投机性交易场所，投资者并不会关注公司层面的基本信息。只要现金分红率足够高，现金分红对股价信息含量提升的促进作用就会发生跳跃性的变化。当现金分红率达到0.387时，现金分红的增加就能极大地提升股价信息含量。

其次，从股价信息含量对企业投资效率的影响及其门槛特征来看，经验结果表明，股价信息含量越低，股价信息含量对企业投资效率的促进作用越有限，股价信息含量越高，股价信息含量对企业投资效率的促进作用越显著。当股价信息含量低于 0.917 时，股价信息含量的变化并不会影响企业的投资效率。因为股价信息含量太低，企业管理者从股价中获取相关信息的成本远远高于了它所能带来的收益，因此股价中所包含的信息含量并不会被管理者所关注，进而也就不会影响企业的投资效率。当股价信息含量提升后，管理者才会有动力关注股价中所包含的信息。特别是当股价信息含量高达 5.009 时，企业的管理者就会高度重视股价所包含的信息含量。进而使得股价信息含量能够显著影响企业的投资效率。

再次，从总体来看，现金分红对于企业投资效率的影响也表现出显著的门槛特征。当现金分红取值低于 0.660 时，现金分红对于企业投资效率几乎没有影响。这一门槛值，显然远远高于现金分红对股价信息含量产生影响的门槛值 0.245，甚至都远远高于 0.387。这也是完全合理的，当现金分红率高于 0.387，以至于现金分红能显著影响股价信息含量时，并不意味着现金分红就能显著影响企业投资效率，因为股价信息含量的取值并不一定达到了门槛值 0.904。这意味着，在研究现金分红和股价信息含量对企业投资效率的影响时，不仅要关注现金分红本身，还要关注股价信息含量本身。无论是现金分红过低，还是股价信息含量过低，都会使得“现金分红促进企业投资效率提升”这一结论失效。

最后，就目前中国上市公司的现金分红状况和股价信息含量而言，上市公司的现金分红率和股价信息含量存在普遍偏低的问题，如表 7.3 所示。

从现金分红对股价信息含量产生影响的临界值来看，本章用于分析的样本公司中，现金分红率低于临界值 0.245 的上市公司相对较多。2012 年，现金分红率低于临界值 0.245 的上市公司最少，但是也有 277 家，占到样本总数的 36.54%；2015 年最多时达到 413 家，占到样本总数的 54.49%。这就意味着，接近半数的上市公司，由于其现金分红比例过低，以至于股票市场投资者根本不关注公司的现金分红，对公司股票的交易完全是出于投机动机，因而股票价格也就和公司层面的经营业绩信息没有显著的相关性。

从股价信息含量对企业投资效率产生影响的临界值来看，本章用与分析的样本公司中，股价信息含量低于临界值 0.917 的上市公司也非常多。仅有 2010 年和 2013 年，股价信息含量低于临界值 0.917 的上市公司数量相对较少，占到样本公司总数的 34%左右，其余少数年份比重达到 60%左右，大多数时候该比重能够达到 90%以上。这意味着我国上市公司的股票价格信息含量普遍偏低。

从现金分红对企业投资效率产生影响的临界值来看，绝大部分上市公司的现金分红率都远远低于临界值 0. 660。2004 年，现金分红率远远低于临界值 0. 660 的公司数量最少，大约有 357 家公司，占到样本总数的 47. 10%。2015 年，现金分红率远远低于临界值 0. 660 的公司数量最多，大约有 522 家公司，占到样本总数的 68. 87%。因此，只有少数上市公司的现金分红足够高，以至于现金股利政策会影响到企业投资效率。

需要特别指出的是，本章的计量结果在一定程度上也具有指导实践的作用。例如，监管部门为了弱化股市的投机功能，增强股价信息含量，可以对上市公司的现金分红率做出规定，高于本书所估计出的临界值，就有可能会收到预期的政策效果。反之，将现金分红率设定过低，则该政策并不会对股市功能效率的改善发挥显著的作用。

表 7. 3　　上市公司现金分红与股价信息含量状况

年份	现金分红率小于 0. 245		现金分红率小于 0. 660		股价信息含量小于 0. 917	
	公司数	比例（%）	公司数	比例（%）	公司数	比例（%）
2004	299	39. 45	357	47. 10	436	57. 52
2005	342	45. 12	366	48. 28	496	65. 44
2006	332	43. 80	375	49. 47	413	54. 49
2007	395	52. 11	485	63. 98	705	93. 01
2008	359	47. 36	473	62. 40	712	93. 93
2009	349	46. 04	456	60. 16	720	94. 99
2010	376	49. 60	503	66. 36	256	33. 77
2011	347	45. 78	476	62. 80	607	80. 08
2012	277	36. 54	387	51. 06	441	58. 18
2013	284	37. 47	391	51. 58	250	32. 98
2014	320	42. 22	427	56. 33	633	83. 51
2015	413	54. 49	522	68. 87	733	96. 70

7.4 小结

本章根据成本收益分析提出并通过计量分析证实了：①只有现金分红足够高，股票投资者才会关注公司层面信息，并减少投机性交易，而使得股价信息含量提高；②只有股价信息含量足够高，上市公司管理者才有动机从股票价格中学习股票投资者所掌握的一些私有信息，进而影响上市公司的投资效率；③因此，只有当现金分红足够高，从而使得股价信息含量也足够高的时候，上市公司的现金分红才会显著地影响上市公司的投资效率。然而，从近十年中国上市公司的现金分红和股价信息含量数据来看，现金分红较少和股价信息含量偏低似乎是一种常态。因此，要完善股市优化资本配置的功能效率，任重而道远，既要通过对上市公司的现金分红做出强制性规定，以较少股市的投机性，提升股价信息含量，还需要通过其他途径提升股价信息含量，以使得上市公司管理者高度重视股价信息含量，从而使得股票市场优化资本配置的能力不断提升。

8 研究结论及管理建议

8.1 主要研究结论

根据历史经验数据的观察，本书发现上市公司的现金分红、股价信息含量和上市公司投资效率之间存在着一定的相关性。基于此，本书对现金分红、股价信息含量和上市公司投资效率之间的内在逻辑关系进行了一个理论解释和经验验证。

股价信息含量是上市公司层面的私有信息在股票价格中的反映，因而股价信息含量的高低与否，完全取决于股票投资者对上式公司信息的挖掘和学习程度。其中，不同的股票投资动机，会使得股票投资者对上市公司层面的经营信息的关注度不一样。例如，期望通过股票买卖差价而实现股票投资收益的投机者，他们关注的是股票的短期涨跌，而波动本身就是投机性股市的基本特征，在短期内主要与市场情绪高度相关，因此，股市投机者并不需要关注公司的经营情况。而作为价值投资的股票投资者，他们会长期持有股票，而股票的长期价格会与公司的经营业绩存在相关性，所以这部分股票投资者会更加关注公司未来的发展情况。因此，当市场上股票投资者的类型和投资动机不同时，最终上市公司的经营信息在股票价格中的反映多少是不一样的。现金分红作为股票投资者最为稳定和低风险的投资收益方式，其分红的多少对于股票投资者的投资行为和股市投资者的构成类型具有一定的影响。具体而言，现金分红越少，股票投资者则更多地依靠股票买卖差价获利，因而其投资收益与公司业绩无关，这使得股票投资者的交易行为充满投机性，同时参与股市的也将是投机动机较强的交易者，投机性交易使得股票交易者再也不用关注公司层面的信息，因而股价信息含量就会降低。基于上市公司层面数据的实证分析也证实了上述结论，实证结果表明，现金分红越低，股市参与者对该公司股票的投机性交易越多，进而使得股价信息含量越低。

股价信息含量作为上市公司层面的私有信息在股票价格中的反映，因而股价信息含量可以作为上市公司管理者进行投资决策时的重要参考信息。但是，从实证分析结果来看，股价信息含量对于企业投资效率的提升确实具有一定的促进作用，但是这种促进作用相对微弱。即使在考虑了测量误差、解释变量的内生性和样本选择对估计结果可能产生的影响以后，一系列的稳健性检验结果都表明上述结果具有一定的可靠性。并且，股价信息含量对于企业投资效率的影响不够显著这一结论是具有一定合理性的。比如，股价信息含量是否是上市公司所需要而又没掌握的信息等因素都可能会弱化股价信息含量对企业投资效率的影响大小。更为重要的一点是，股价信息含量是否会影响企业的投资效率，关键取决于上市公司的管理者是否会关注公司的股价信息含量。如果股价信息含量太低，而不值得花费时间和精力去研究股价变动的经济原因，那么股价信息含量就不会影响企业的投资效率。

因为现金分红会促进股价信息含量的提升，而股价信息含量的提升又有利于企业投资效率的提升，所以现金分红也会影响企业的投资效率，而且是通过股价信息含量这一作用机制发挥作用。实证研究发现，在回归分析中，与不控制股价信息含量相比，在控制了股价信息含量的影响后，现金分红对于企业投资效率的影响明显降低了。这表明，股价信息含量确实是现金分红影响企业投资效率的重要机制。但是，从现金分红对企业投资效率的总体影响来看，上市公司提高现金分红似乎并不能提升企业的投资效率。一个重要的原因就是，股价信息含量对于企业投资效率的作用不明显。因为现金分红对企业投资效率产生影响，要求现金分红对股价信息含量和股价信息含量对企业投资效率的促进作用都显著，任何一个作用不显著，从现金分红到企业投资效率的整个传导机制就不能成立。

最后，本书认为现金分红对于股价信息含量的影响、股价信息含量对于企业投资效率的影响、现金分红对于企业投资效率的影响都具有一定的门槛特征。从现金分红对股价信息含量的影响来看，只有现金分红足够高，股票投资者才愿意进行价值投资，减少投机行为，因而提升股价信息含量。从股价信息含量对企业投资效率的影响来看，只有股价信息含量足够高，上市公司管理者才愿意关注股价信息含量，进而影响其投资效率。从现金分红对企业投资效率的影响来看，只有现金分红足够高和股价信息含量足够高，才能使得现金分红影响股价信息含量，进而影响企业投资效率。实证结论也证实了上述假说。然而，从近十年中国上市公司的现金分红和股价信息含量的数据来看，现金分红较少和股价信息含量偏低似乎是一种常态。因此，要提高现金分红、增加股价信息含量和提升企业投资效率，任重而道远。

基于上述研究发现，本书认为要提高上市公司的资本配置效率，至少需要从四个方面入手。第一，强化企业内部管理，要以提高投资效率为出发点，完善企业内部管理模式。特别是上市公司，要重视现金分红通过股价信息含量影响投资效率的机制作用。在完善内部管理模式的过程中，可以有意识提高现金分红比例和持续性，让股价更多反映公司层面信息，深入研究股价信息含量，充分利用投资者的选择信息，为企业进一步投资决策做参考。第二，提高现金分红。企业内部要形成制度，确保现金分红的持续性，提高股利支付利率。只有现金分红的比率足够高，能够吸引股票投资者对公司进行长期投资时，股票投资者才会关注公司层面的经营信息，使得相关私有信息反映在股票价格中，并为上市公司管理者提供投资决策参考。在外部监管中，监管部门可采取强制性规定的措施，促进上市公司提高现金分红比例。第三，减少股市投机。提高现金分红是为了减少股票投资者的投机动机，事实上，引起股市参与者进行投机性交易的因素还很多，因此，为了提高股价信息含量，还需要采取其他一些措施来减少股市参与者的投机动机。比如，企业要主动增强信息的透明度，防止内幕交易等。外部监管中要对上市公司的信息透明度做出严格规定，坚决打击内幕交易。第四，提升股价信息含量，重视对股价信息含量的研究和利用。除了市场投机会降低股价信息含量以外，还有其他因素也会引起股价信息含量偏低的问题，因此，针对当前上市公司股价信息含量偏低的问题，需要采取更多的措施来提升股价信息含量。同时，上市公司也要加强对股价信息含量的分析和研究，并以此作为进一步投资参考。

8.2 管理建议

8.2.1 企业要树立正确意识，强化内部管理

一方面，企业要树立正确的意识，特别是上市公司，要充分意识到提高现金分红比例，可以提升股价信息含量，进而促进企业投资效率这种机制的作用。因此，企业可以倚重这种机制强化内部管理，达到提高投资效例，实现健康经营的目的。在管理方面，要通过内部强制性的制度安排，提高现金分红比例，不但要提高股利支付比例，更要推动和确保现金分红的可持续性。因为这些因素存在门槛特征，只有持续较长时间，现金分红比例提高到一定程度，其

间的机制才能更加有效地得到发挥。另一方面，要重视股价信息含量，并采取措施认真研究利用，为投资决策提供参考。公司提高现金分红比例和频率，会引导投资者更加关注企业特质信息，进而提升股价信息含量。股价信息含量就会更好地反映出投资者利用自身的知识和判断对公司未来的发展作出判断和选择，因此，公司对股价信息含量进行深入的研究，就会从中发现有价值的信息，为公司未来的投资决策提供参考。公司越重视股价信息含量，则会越促进投资者对公司特质信息的关注，进而股价信息含量就会得到提升，其利用价值就会更大。此外，当公司和投资者之间形成了良性循环，股价信息含量的重要性得到凸显，这其中，公司对自身信息的及时公开，确保信息的透明度十分重要，这是公司和投资者之间沟通的桥梁。并且，投资者对公司的信任是投资者更加关注公司特质信息的重要一环，因此，公司应在增加信息透明度的同时，要尽力防止内幕交易出现，防止内幕信息泄露，增强投资者对公司的信任度，进而增加股价信息含量反映公司特质信息的能力。由此可见，公司意识到这种机制的作用和重要性，在内部管理中倚重并强化这种意识，则会实现一种良性循环，提高公司投资决策效率，推动公司沿着正确的方向健康可持续地发展。

8.2.2 上市公司要努力提高现金分红比例

我国上市公司目前的分红状况与国际企业的一般状况相比，至少有以下三个特点：①上市公司分红意愿不强；②我国上市公司的股息率普遍偏低；③上市公司现金分红水平低。尤其是从长期来看，A股市场上市公司缺乏良好的分红持续性，投资者也就难以根据过去的数据来分析上市公司未来的分红状况，给下一步的股票估值带来很多的困难和不确定性，这也从一定程度上增加了市场投机，同时损害了部分股东，特别是中小股东的利益。本书认为，至少可以从以下四个方面来提高上市公司现金分红的持续性，解决少数上市公司长期不分红或分红水平低的问题，加大上市公司现金分红力度。

第一，上市公司要完善内部治理机制，加大现金分红力度。

要想改善上市公司的分红状况，从根本上讲要加大上市公司的现金分红力度，应该从上市公司自身入手。原证监会主席郭树清曾指出："加强对未按承诺比例分红、长期不履行分红义务的公司的监管约束，推动上市公司不断完善投资者回报制度。"其中，信息披露、保障独立董事、明确决策程序等都是从外部监管来增加上市公司的现金分红，其实我国现阶段更加缺乏现金分红的内部治理机制。

首先，上市公司要充分认识现金分红对于促进企业自身投资决策和投资效率的作用机制，因此，要增强进行现金分红的主动性，以促进企业发展的良性循环。上市公司还应该树立回报股东的意识，只有这样，企业所实行的股利分配政策才能保障股东的利益，减少市场投机，促进我国证券市场的良性发展。

其次，也是更重要的，上市公司应该建立健全现金分红的内部治理机制。我国大部分上市公司都存在“一股独大”等股权结构不合理的现象，大股东与中小股东的利益需求往往不一致，导致部分大股东滥用控制权，损害了中小股东的利益。除了大股东，许多企业的高管也会因为自身的利益而影响现金股利的分配，上市公司内部普遍缺乏针对大股东和高管在现金分红政策上的监管和制约，从而导致以中小股东为代表的大多数投资者对现金股利分配的诉求无法充分表达和得到满足，而公司高管和大股东在现金分红上有了绝对话语权，违背了证券市场的公平性。

具体来说，要完善现金分红上的内部监管机制，就是要对权力进行内部的约束和制衡，让中小股东能够充分地表达他们的意见并且能在现金分红上有一定的话语权。一方面应该在企业内部建立完善的现金分红程序并严格执行，注重独立董事的设立和其在董事会上的影响力，独立董事要能切实地代表大部分中小股东的意见并维护他们的利益；另一方面，要注重现金分红信息的披露，包括公司每年分红占净利润的比例，具体什么时候分红，是否在分红问题上存在区别对待不同股东的现象，公司历年的分红政策是否具有连续性，等等，让广大投资者充分了解企业的分红情况。自然而然地，拥有持续性分红能力以及分红意图的企业更有可能得到市场的青睐，而企业也会用分红承诺来吸引更多的投资者。同时，针对高管对分红政策的影响，企业也应该建立分红与高管薪酬待遇的契约关系，促使高管主动维护股东利益，减少企业因代理问题而产生的成本。

第二，明确上市公司现金分红的规则。

投资者的股利收益主要源于上市公司的净利润，通过上市公司分红而得到。上市公司一般在企业营业年度结束，年度决算和公布财务报告之后才进行分红。上市公司分红是上市公司对利润进行分配的一项重要内容，必须严格按照《中华人民共和国公司法》（以下简称《公司法》）等有关法规的规定进行，并且要遵循一定的顺序，首先按照相关规定进行的是纳税和以前年度亏损的弥补，其次是法定盈余公积和任意盈余公积的提取，最后才能分配股利，分配股利时应在向优先股股东分配股息后才能进行。我国《公司法》还规定，我国上市公司只能采用现金股利和股票股利这两种股利分配形式，但在实践中，上市公司还采用了配股、股票回购等多种方式，股利分配方式的多样性也使企业在分配股利时有了更多的选择，出于税收筹划以及扩大企业经营的目的，一般情况下，机构投资者及大股东更倾向于分配股票股利，少分配现金股利。

我国在分红制度上的管理被称为“半强制式分红制度”。在强制式分红制度下，上市公司实施分红是一种法律义务，不分红或分红比例没有达到法定要求，将被视为违法。而我国对上市公司分红行为的监管并未上升到法律的层面，证监会出台的用来规范上市公司分红行为的一系列政策规范文件其实是半强制性的，通过将企业的分红行为与再融资行为挂钩，对不分红或分红比例达不到要求的企业予以减少再融资额甚至取消再融资资格的处理，促使企业合理分红。这种制度是我国目前所实行的，在一定程度上推动了我国证券市场的健康发展，但同时也有一定的局限性，在促进企业分红积极性方面所产生的效果并不明显。而且，将再融资行为与分红情况挂钩的做法是存在悖论的，即有条件分红的企业说明它资金充足，再融资愿望并不那么强烈，而往往是那些无法分红的企业更需要资金支持，如果为了能得到融资而把本身紧张的资金用来分红，则很容易使企业错失投资机会。

虽然目前分红的规则有一定的局限性，但是有一点很明确，那就是分红规则必须进一步明确，细化“半强制式分红制度”，增强政策约束力，减少制度上的漏洞和不合理部分，使企业在选择是否分红、分红数额的时候有据可凭，有理可依，减少不同投资者之间的利益冲突，引导公司建立持续的现金分红机制。

第三，建立异常派现公司的约谈制度。

前面也提到，我国现阶段所施行的分红制度是“半强制式分红制度”，主要做法是证监会通过制定一系列政策将企业分红状况与再融资行为挂钩，迫使企业建立长效稳定的分红机制。但这样的分红制度是有局限性的，如果某些公司不分红是为了公司进一步的发展，公司处于上升期，有良好的投资机会，那么这种情况就是可以理解的，要对不同行业、不同生命周期、不同情况的企业分别对待，过分的监管会扰乱市场的作用，很显然，将分红行为与再融资行为挂钩会产生一定的矛盾。因此，在实施“半强制式分红制度”的同时，还需要配合一些更合理的手段和措施。

比如，本书认为针对某些个别企业异常派现的行为，还应该采取特殊措施予以纠正和完善，不能采取“一刀切”的强制措施，但是可以建立异常派现公司的约谈制度，既可以充分了解不同公司的分红情况，为以后的监管政策制定提供现实依据，又可以从某种程度上给上市公司施加压力，多年不分红的企业对证监会有解释说明情况的义务。对异常分红又推脱责任的公司，证监会还可以对其进行窗口指导。

第四，完善税收政策以鼓励现金分红。

上市公司分配现金股利，投资者需要缴纳股息红利税。股息红利税是指以个人投资者从上市公司取得的股息红利为计税基础，按一定比例征收的一种个人所得税。股息红利税会减少投资者的投资收益，因此，股息红利税的税率及相关规定会影响投资者对股利的需求，我们也可以从税收角度来达到鼓励上市公司分红的目的。

我国近年来对股息红利税进行过两次改革，一方面是为了能与国际上股息红利税制接轨；另一方面，许多学者都指出股息红利税具有双重征税的性质，因为本身股利的分配来源就是上市公司的净利润，净利润是扣除企业所得税后的利润额，也就是说，净利润本身已经缴纳过企业所得税了，从净利润分配出来的现金股利到投资者手中，投资者还要缴纳高昂的股息红利税，就形成了对股息双重征税的现象，抑制了投资者的投资积极性，也带来很多副作用。这两次改革在鼓励上市公司分红、促进市场发展方面发挥了一些作用。

为了鼓励上市公司分红，我国于 2005 年 6 月将股息红利个人所得税暂减按所得的 10%征收，在这之前，是按 20%征收的股息红利税。2012 年，为了充分发挥税收政策的杠杆作用，引导投资者长期持股，财政部规定按照持股年限对股息实行不同的税率，即差别化税率，这样就能引导投资者多进行长期投资，有利于稳定股票市场的价格，使股票价格所反映的信息拥有更多的含金量，更有利于资本市场的管理和发展。

但是这两次改革都没有从根本上改变股息红利税双重征税的问题，也没能在鼓励上市公司分红上发挥巨大的作用，并且差别征税还限制了投资者，使投资者不能及时调整自己的投资计划。因此，笔者认为，我们应该坚持对股息红利税的改革方向，继续降低红利税，减轻税负，这样会刺激投资，提高投资收益，增强企业发放股利的积极性，提高资本市场的质量和效率。

8.2.3 抑制股票市场投机行为，提升股价信息含量

本书已多次提到现金分红通过影响股价信息含量来影响企业投资效率的机制，也提出了许多切实可行的解决办法来普遍增加上市公司的现金分红。除此之外，股票投机也是影响股价信息含量的一个重要原因。股票市场的投机，是指通过预期股票价格涨跌而从中赚取差价收益的短期股票交易行为。合理合法的投机能够增强市场的活力，但如果投机成为市场的一股重要的力量，大家会

把炒作当作盈利的主要手段，没有人去关心企业真实的盈利状况，在这种情况下，股价容易大涨大落，扰乱金融市场的秩序，无法反映股价应该反映的企业经营信息。因此，除了通过增加现金分红的方式以外，还可以通过以下一些途径来抑制股票市场投机行为，从而提升股价信息含量，有效提高上市公司的投资效率。

第一，倡导和树立正确的股票投资观念。

股票市场存在过度投机的现象是由多方面原因造成的，其中一个原因就是我国股市中的个人投资者较多，与国外资本市场相比，我国股票市场上个人投资者比例较高，这也是我国资本市场欠发达的一个表现。

个人投资者与机构投资者相比，前者普遍缺乏风险意识，甚至缺乏对股票市场的常识，把股市当作赌场，孤注一掷。有调查显示，我国证券市场上的个人投资者以中低收入的工薪阶层为主，其家庭主要收入来源为工资收入，这部分人群进入股票市场普遍较盲目，投资意愿很强，但缺乏投资经验，投入股票市场的资金在家庭收入中占了不小的比例，导致他们的抗风险能力较弱，并且其中大部分人不具有投资相关的理论知识，进入股票市场的途径也多为朋友介绍或投资产品广告推销，对于股票市场的了解、做投资决策的依据也是来自于报纸、杂志的股票分析、亲友推荐，以及所谓的“小道消息”，这些信息没有经过甄别，其正确性是无法得到保障的。他们也没有对上市公司的盈利能力、自身资产、未来发展等状况进行全面的了解，导致自己在资本市场中往往难以获得收益或收益较低。个人投资者在投资中没能得到预期收益，甚至还发生亏损时，往往并不能意识到自身决策的失误，而仅仅归咎于机构或大户对股价的操纵，归咎于监管机构的失职等外部因素。这些现象都表明，在我国资本市场占据大多数的个人投资者的不理性、缺乏正确的投资理念，从某种程度上导致了股票市场的过度投机。因此，本书认为，要抑制股票市场投机，应该倡导并帮助投资者树立正确的投资理念。

首先，要加大宣传力度，向投资者传达“股市有风险，入市需谨慎”的投资观念，使投资者树立正确的风险意识。股市不是赌场，不要奢望一夜暴富，高收益的背后也隐藏着高风险，做投资之前应该对该项投资的风险有全面清醒的认识，在自己能承担的范围内做投资才是理性人的选择。

其次，证监会可以在个人投资者入市时对投资者的收入水平、抗风险能力、投资偏好、投资目的等多方面的信息进行更加全面的了解，以便对投资者进行入市培训。以往我国对于入市的要求仅仅是投资者所拥有的资金量，即有钱就能炒股，但是股票与其他商品不同，股票价格波动范围大，风险高，股市很容易成为投机者的“天堂”。如果有入市培训，投资者要取得一定的资质或通过一定的审核才能炒股，就能避免一些对股市一无所知甚至是受骗上当的投资者进入股市了。除此之外，还要为投资者提供免费的咨询服务，并经常举办关于股票市场常识的培训或讲座活动，增加个人投资者对资本市场的知识储备，减少投资者不必要的损失，引导投资者多关注上市公司所披露的信息，重视这些信息并能对上市公司的盈利能力、行业发展，以及未来前景做出理性的分析，在这些理性分析的基础之上做投资就能减少市场投机。

最后，对于能够影响投资者决策的一些股评、上市公司信息披露制定的网站、报刊，要进行更严格的规范，其选取的宣传案例也要对投资者有正确的引导，不要报道所谓“一夜暴富”的极端案例，要通过成功、理性的投资案例引导投资者进行长期投资、理性投资。

第二，防止股票价格非理性波动。

股市是参与各方多空博弈的场所，通过各方的较量形成股市波动，因此股票价格的波动也是各方博弈的结果，股价在一定范围内波动是正常合理的，但我国股市却不只是存在正常波动，还常常伴随着股价的暴涨暴跌，频繁出现非理性波动的现象。股价剧烈波动，会扰乱资本市场的秩序，并且这时候的股价根本无法反映企业真实的信息，投资者也就无法根据股价信息来预测企业未来的经营状况和发展前景，部分投资者被市场波动影响做出不理性投资决策，进而带动其他投资者跟风，引发“羊群效应”，只有股价在合理范围内波动，才能反映出企业的真实信息，从而提高投资效率。股价的非理性波动无论是对投资者还是对证券市场来讲，后果都是很严重的，需要及早应对和防范。

一方面，要从投资者入手，针对我国证券市场“散户”多的特点，像上节提到的倡导和树立正确的股票投资观念就能在引导个人投资者理性投资上发挥一定的作用。不仅如此，还要通过减少投资者之间信息不对称来稳定股价，因为在我国证券市场上，“散户”的行为偏好严重地影响了整个市场的波动，如果大多数投资者都能通过统一规范的信息渠道了解公司层面的信息，那么就会减少不理性投资，进而达到稳定市场的作用。另一方面，也要从监管入手，防止股票价格非理性波动。必须加强对证券市场的监管力度，逐步完善《公司法》《中华人民共和国证券法》（以下简称《证券法》）等相关法律法规，要做到有法可依、有法必依、执法必严、违法必究，加大对干扰股票市场的违法行为的惩处力度，保护广大中小投资者的切身利益。

第三，增加投机资本的投资渠道。

投机资本，又称为“冒险资本”，是一种倾向于向高风险高收益领域投资的资本。无论如何加强监管、如何引导个人投资者理性投资，投机资本都是存在的，而且投机资本并非一无是处，只是投机资本所占比重超出一定的范围就会引起市场紊乱而已。投机资本作为证券市场上一个充满活力的部分，也是一个不可或缺的部分。因此，对于投机资本，我们不能总是采取打压的态度，更要因势利导。

比如，通过其他投资场所分散投机资本对股票市场的投机。对于个人投资者来说，除了股票市场之外，其实还有很多投资渠道，针对“散户”而言，丰富的基金产品能够满足不同投资者对风险的承担能力和对收益的需求，鼓励中小投资者购买基金产品，不仅可以减少个人投资者的风险，同时聚集大量零散资金，将原先零散、非理性的交易变为大额、理性的机构交易，在节约交易成本的同时还能够稳定股价，因为证监会对于机构投资者的监管要比对个人投资者的监管容易很多；而针对机构投资者则更要倡导寻求创新、扶持新兴产业的投资观，很多 P2P 理财产品和互联网金融产品都是不错的选择。

第四，健全证券监管法制体系。

除了以上几种方法之外，还要从建立健全的证券监管法治体系的角度出发。在股票市场上的风险偏好者心中，只要收益足够高，他们愿意为其承担巨大的风险，因此，法律约束和法律意识可以成为束缚风险和贪婪的必要手段。对于投资者来说，超出合理范围内的收益会受到法律的严厉制裁，这就必须要清醒地认识到风险与收益的对等。我国法律也明确规定，对机构操纵的股市交易、企业内部人员参与内幕交易、股票价格波动太大有违《证券法》规定的现象予以惩处。

一方面，要完善证券监管法律体系，减少法律漏洞所造成的可利用空间。很多投机者之所以追求非法获利收入，就是想利用法律漏洞获取高额收益，证券市场潜力巨大，极其容易滋生欲望和贪婪，仅仅依靠宣传教育、舆论和道德的力量是远远不够的，必须有国家的强制力来予以保障，才能抑制过度的市场投机。

另一方面，在完善法律法规体系的同时，还要加强法律的施行，才能保障监管体系发挥作用，对于违反《证券法》规定的行为，一定要予以严厉的惩处，还要树立典型案例进行宣传，表明国家坚决打击、杜绝不法市场行为的决心，起到警示的作用。

8.2.4 提升股价信息含量，促进上市公司对股价信息含量的利用

根据本书的分析可知，股价信息含量对上市公司的资源配置能起到非常重

要的作用。虽然现金分红有利于提升股价信息含量，但是当前股价信息含量非常低，仅仅靠现金分红这一途径不能在短期内有效提高股价信息含量，进而强化现金分红通过股价信息含量影响企业投资效率这一作用机制。因此，通过其他一些措施来提高股票价格信息含量，对于强化现金分红对企业投资效率的影响，也是非常有必要的。

第一，公司要主动增加信息透明度。

公司信息透明度也是影响股价信息含量的一个重要因素。如果公司的信息不够透明，那么公司内部人知道的公司层面的信息就会比外部人知道的公司层面的信息更多，只有在公司信息透明度较高时，外部人才有可能获得更多的公司层面的信息。因此，当公司信息透明度较差时，公司层面的风险主要是被内部人承担，市场风险主要是被外部投资者承担，从而就会使得股票知情交易概率下降，这又将会使得股票价格反映公司层面信息的能力下降，即股价信息含量就会降低。因此，股价要反映更多的公司层面信息，就要增强公司信息的透明度。

市场信息的一个重要来源就是上市公司所披露的信息，投资者可以通过上市公司所提供的会计信息，了解企业目前的财务状况及经营成果，分析投资前景，进而做出投资抉择。如果上市公司提高了信息透明度，将会减少外部投资者和内部人员之间的信息不对称的情况，资金流向将被合理引导，资源将会得到更好的配置。因此，提高上市公司信息透明度对资本市场的完善也是很重要的。

首先，要完善会计理论体系。对于一些需要会计人员进行主观判断的事项做出更多详细的解释和操作指南，某些特殊行业的特殊业务更要做出特殊规定，确保会计信息在源头上的准确性和可比性，尤其是上市公司之间的横向可比性。还要增强会计信息的客观性，减少因为会计人员本身判断的不同而造成的信息差异，加强会计人员的职业培训和继续教育，增强他们的判断力，增强行业规范。

其次，要完善公司内部治理结构。这就需要政府、公司和投资者三方共同努力，一步一步通过法律约束、内部约束、舆论约束来实现。优化公司内部股权结构，尽量避免“一股独大”的现象，要对大股东进行某些权力上的制约，充分发挥独立董事在公司决策上的作用；建立健全的企业内部控制体系，确保内部控制体系能够有效地发挥作用；还要充分发挥监事会的作用，加强监事会、内部审查人员的信息采集能力、评估方法以及评估的客观性。监事会应由股东大会选举产生，确保能真正对股东大会负责，以保证监事会在公司内部的独立性，并给予更多的监督审核的权力，真正发挥监事会的监督作用。监事会成员的组成，内部人员比例不能过高，要合理吸收银行、国家审计机关代表、中小股东等外部人员进入股市监事会，这样可以提高监事会的公正性和客观性，避免监事会成为股市内部的形式与摆设。

第二，公司要提高会计稳健性。

会计稳健性对于上市公司管理者的机会主义行为，以及上市公司管理者与股票市场投资者之间的信息不对称等问题都具有较好的抑制作用。所以，上市公司的会计稳健性对于股票投资者收集和解读上市公司层面信息的动机具有显著的促进作用。而且，会计稳健性对于上市公司的投资效率具有直接的影响。因此，增强上市公司会计稳健性也是提高股价信息含量和提升企业投资效率的一个重要手段。

会计对于企业信息的披露至关重要，它决定了企业的资产状况和经营成果将如何衡量，以什么样的方式确认、计量和报告，极大地影响了股票市场信息的准确性和可比性。一方面，建立健全的会计准则和法律规范，特别是一些行业特殊业务的规范，有了清晰明确的规定，才能用来规范会计信息。另一方面，加强对会计人员的再教育和培训，因为随着市场的变化，我国现代化、商业化进程的发展，会计准则也是不断变化的，从事会计的人员也要不断学习，才能适应准则的变化，做出正确的判断。

第三，公司要提高对股价信息含量的利用。

股价信息含量如果能更好地反映公司未来发展信息，则公司应更好地研究和探求投资者对公司前景的认识和判断，这对于公司未来的投资决策十分重要。当然，影响公司投资决策的方式和渠道十分多样，但股价信息含量是广大投资者基于自身的知识和认识，对公司未来发展做出的综合性判断。既然要利用股价信息含量为投资决策做参考，则首先要让股价信息含量能充分地体现公司特质信息。要想如此，则必须在公司的内部治理机制上要做出更加合理科学的调整，将公司的发展决策建立在可靠的基础之上。如果能首先促进股价信息含量提高，增加公司的辨识度，则股价信息含量可以被很好地研究和利用，从而达到集思广益的效果，为公司的未来投资决策提供有益参考。公司更加倚重股价信息含量，则在内部管理中会强化现金分红，强化对投资者的回报，投资者也会更加明了企业发展方向和实力，股价信息含量也会自然提高，公司与投资者和市场之间则形成良性互动，从而可以推动企业的内部管理得到改善，促进企业向稳健经营方向发展。这无疑对企业十分重要。因此，树立这种意识，进而才能在内部管理中让所倚重的重点更加合理和科学，才可能推动企业可持续健康发展。

第四，加强内幕交易监管。

证监会有关负责人在讲话中多次表示，证券二级市场上出现了内幕交易与股价异动密切关联的问题，内幕交易的存在势必影响到上市公司股价信息的含金量。一旦让外部投资者认为，大量内幕信息获得者都通过自身优势获取超额报酬，那么就会扰乱市场风气，没有人去关注公司层面信息，因为所有的分析都比不过内幕消息的准确性，也就难以获得收益。因此，内幕交易的存在造成了证券市场的不公平，使得外部投资者收集信息的动机减弱，也就降低了上市公司的股价信息含量。对于这一问题，主要还是要通过一系列外部监管措施来解决。

首先，证监会应该更加重视上市公司信息披露，包括信息披露的规范性和全面性，对于股价异常波动的现象也应予以及时的披露，在内幕信息依法披露前，任何人不得公开或泄露该信息，一旦有内幕信息泄露，必须追查到底，对非法泄露的责任人予以严厉打击。还可以利用社会舆论力量，关注媒体报道，影响较大的市场传闻中的上升公司，对于这些公司需要重点关注，及时询问，如果发现传闻并不属实，要及时公布调查结果，及时澄清，以免误导更多的投资者；如果确实存在违规操作等情况，则需依法处理。

其次，加强市场监管，证监会和交易所都要加强监控，对异常交易状况及时采取措施，必要时向市场公布相关处理情况。对于大额交易更要严格审查，密切关注机构投资者，因为机构投资者涉及更多人的利益，拥有更多的资源，也就更容易掌握内幕信息，这类是需要重点关注的对象。除此之外，在上市公司涉及并购重组等行政许可重大事项期间，证监会和交易所都要对其股价波动进行密切关注，因为这个时间点是最容易发生内幕交易的，而内幕交易以取得超额收益为目的，也很大可能是以股价波动作为其前提的，一旦发现信息披露与股价异常联动或存在公告与其申报材料表述的事实前后不一致的，将要求该上市公司各责任方做出合理解释和说明，对于不能充分说明其不存在内幕交易的行为，证监会将对其进行进一步的调查和审核。

最后，把信息披露的责任要明确落实到上市公司及其董事、监事及其高级管理人员，上市公司的控股股东、实际控制人、收购人、保荐人、担保人、证券服务机构等相关人员和机构的利益关联各方，促使这些容易泄露内幕信息的相关人员和机构转为主动保护内幕信息，这将大大提高对内幕交易的监管效率。

第五，壮大证券投资基金。

相对于“散户”而言，机构投资者收集和解读公司层面信息的能力更强。因此，传统观点认为，对于某一上市公司，如果股票主要是被机构投资者持有，而不是被“散户”所持有，那么股票价格中反映的公司层面的信息就会越多。前述章节中也提到过，我国股市与国外股市相比，个人投资者比例较高，即“散户”过多，大多数个人投资者都缺乏投资经验，缺乏对投资的正确认识和相关理论知识，盲目进入股市，他们的非理性投资也造成了股票市场的非理性波动，使股价无法反映真实的上升公司信息。如果能化“散户”为机构投资者，那将对市场的发展和政府的监管都有利，因此，壮大证券投资基金也是提升股价信息含量的一种途径。

在2014年国务院出台的《关于进一步促进资本市场健康发展的若干意见》（亦称新“国九条”）中就指出：“要壮大专业机构投资者，支持全国社会保障基金参与资本市场的投资，支持社会保险基金、企业年金、职业年金、商业保险资金、境外长期资金等机构投资者逐步扩大资本市场投资范围和规模。”这将使更多的个人投资者选择将手中的零散资金交给机构管理，因为机构投资者能带给他们便利和低风险的好处，只要资本市场中的基金产品足够丰富，相信会吸引很大一部分“散户”，非理性、不规律的交易也将减少，取而代之的是理性的机构交易。

为了壮大证券投资基金，至少可以从以下几方面入手：首先，要放宽市场准入、完善市场机制，为证券投资基金的发展提供良好的环境。其次，要完善相关的法律制度，对于证券行业的违规行为进行有效的打击。最后，还要鼓励证券投资基金树立价值投资和战略投资理念，保证其良好发展。

8.3 研究不足与展望

本书对现金分红、股价信息含量和企业投资效率之间的关系和作用机制进行了研究，对于从企业层面理解股市的资本配置效率问题具有十分重要的借鉴和参考价值。但是，由于作者研究能力和水平的限制，在本书的写作过程中难免还存在分析不够深入或者存在商榷的地方。

首先，从研究的内容来看，本书主要是探讨了现金分红、股价信息含量和企业投资效率之间的关系。然而，现金分红对于股价信息含量、股价信息含量对于企业投资效率，以及现金分红对于企业投资效率的影响机制是非常复杂的，不仅仅局限于本书所分析的作用机制。比如，本书在研究过程中就发现，控制了股市投机对股价信息含量的影响后，现金分红对股价信息含量还具有显著的影响，以及控制了股价信息含量对企业投资效率的影响，现金分红对于企业投资效率也还具有影响。因此，对于现金分红、股价信息含量和企业投资效率之间相互影响的其他作用机制的分析不够深入是本书的一个不足之处。

其次，从研究的结果来看，虽然本书的研究表明现金分红对于股价信息含量，以及现金分红对于企业投资效率都具有正向的影响。但是，对于上市公司的最优分红水平是什么，本书并没有给出一个确切的回答。相对于研究现金分红如何影响股价信息含量，以及现金分红如何影响企业投资效率而言，研究什么样的现金分红水平才是最优的，可能对于指导实践更有意义。因此，这也是本书有待进一步研究的方向。

最后，从研究的数据来看，本书主要是采用沪深两市 A 股上市公司 2004—2015 年的年度面板数据进行分析。由于股票交易在每天都会发生，而且每天的交易量都非常大，用每周或者每日交易的高频数据进行分析或许能够得到更多有益的结论。但是，对于本书的关注变量“现金分红”，要想获得如此高频的数据，是难以实现的。而且，如果运用高频数据进行分析，也会增加较大的工作量。因此，对于上述几方面的利弊权衡，本书最后选取了年度数据进行分析。在条件允许的情况下，运用高频数据进行分析也是有必要的。

由于存在以上一些不足，在今后的研究中，还有大量的工作要做，这也正是笔者下一步研究的努力方向。当然，本书的不足之处，可能远远不止上述几点，对于其他一些有待改进的地方，在此未能一一详尽，欢迎各位专家学者不吝赐教，对本书进行批评指正，给予宝贵建议，以使本书得到进一步的完善。

参考文献

[1] AMY D, ANJAN T. Why do firms issue equity? [J]. Journal of Finance, 2007, 62 (1): 1-54.

[2]ANDRADE S, C CHANG, M SEASHOLES. Predictable reversals, CrossStock Effects, and the limits of arbitrage [C] //NBER Conference of Market Imperfections, U. C. Berkeley, Currently Revising for Journal of Financial Economics, 2005.

[3] BAE K, W BAILEY, C MAO. Stock market liberalization and the information environment [J]. Journal of International Money and Finance, 2006, 25 (3): 404-428.

[4] BAI J, PHILIPPON T, SAVOV A. Have financial markets become more informative? [R] New York University Working paper, 2013.

[5] BAKER M, J STEIN, J WURGLER. When does the market matter? Stock prices and the investment of equity-dependent firms [J]. The Quarterly Journal of Economics, 2003, 118 (3): 969-1005.

[6] BAKKE T E, WHITED T M. Which firms follow the market? An analysis of corporate investment decisions [J]. Review of Financial Studies, 2010, 23 (5): 1941-1980.

[7] BARBERIS N, A SHLEIFER. Style investing [J]. Journal of Financial Economics, 2003, 68 (2): 161-199.

[8] BARBERIS N, A SHLEIFER, J WURGLER. Comovement [J]. Journal of Financial Economics, 2005, 75 (2): 283-317.

[9] BECK T, R LEVINE, N LOAYZA. Finance and the sources of growth [J]. Journal of Financial Economics, 2000, 58 (1): 261-300.

[10] BENY L. Insider trading laws and stock markets around the world: an empirical contribution to the theoretical law and economics debate [J]. Journal of Corpo-

ration Law, 2007, 2 (2): 237-300.

[11] BERGER P G, OFEK E. Diversification's effect on firm value [J]. Journal of Financial Economics, 1995, 37 (1): 39-65.

[12] BERTRAND M, MEHTA P, MULLAINATHAN S. Ferreting out tunneling: an application to Indian business groups [J]. Quarterly Journal of Economics, 2000, 117 (1): 121-148.

[13] BHATTACHARYA S. Imperfect Information, dividend policy, and "The Bird in the Hand Fallacy" [J]. Bell Journal of Economics, 1979, 10 (1): 259-270.

[14] BLACK F. The dividend puzzle [J]. Journal of Portfolio Management, 1976, 2 (2): 5-8.

[15] BUSHMAN R, J PIOTROSKI, A SMITH. What determines corporate transparency? [J]. Journal of Accounting Research, 2004, 42 (2): 207-252.

[16] CAMPBELL J, M LETTAU, B MALKIEL, Y XU. Have individual stocks become more volatile? An empirical exploration of idiosyncratic risk [J]. Journal of Finance, 2001, 56 (1): 1-43.

[17] CARLTON D, D FISCHEL. The regulation of insider trading [J]. Stanford Law Review, 1983, 35 (5): 857-895.

[18] CARPENTER J N, LU F, WHITELAW R. The real value of China's stock market [J]. Social Science Electronic Publishing, 2015.

[19] CHEN Q, GOLDSTEIN I, JIANG WEI. Price informativeness and investment sensitivity to stock price [J]. The Review of Financial Studies, 2004, 20 (3): 619-650.

[20] CHEN QI, I GOLDSTEIN, WEI JIANG. Price informativeness and investment sensitivity to stock price [J]. Review of Financial Studies, 2007, 20 (3): 619-650.

[21] CHILDS P D, MAUER D C, OTT S H. Interactions of corporate financing and investment decisions: the effects of agency conflicts [J]. Journal of Financial Economics, 2005, 76 (3): 667-690.

[22] CLAESSENS S, DJANKOV S. Disentangling the incentive and entrenchment effects of large shareholdings [J]. The Journal of Finance, 2002, 57 (6): 2741-2771.

[23] COLLINS D, S KOTHARI, J SHANKEN, R SLOAN. Lack of timeliness

and noise as explanations for the low contemporaneous return－earnings association [J]. Journal of Accounting and Economics, 1994, 18 (3): 289-324.

[24] COMMENT R, JARRELL G A. Corporate focus and stock returns [J]. Journal of Financial Economics, 1991, 37 (37): 67-87.

[25] DEFOND M, M HUNG. Investor protection and corporate governance: evidence from worldwide CEO turnover [J]. Journal of Accounting Research, 2004, 42 (2): 269-312.

[26] DING Y, HOPE O K, JEANJEAN T, ET AL. Differences between domestic accounting standards and IAS: measurement, determinants and implications [J]. Journal of Accounting & Public Policy, 2006, 26 (1): 1-38.

[27] DOW J, R RAHI. Informed trading, investment, and welfare [J]. Journal of Business, 2003, 76 (3): 439-454.

[28] DOW J, G GORTON. Stock market efficiency and economic efficiency: is there a connection? [J]. Journal of Finance, 1995, 52 (3): 1087-1129.

[29] DURNEV A, MORCK R, YEUNG B Y. Does firm-specific information in stock prices guide capital allocation? [R]. Nber Working Papers, 2001.

[30] DURNEV A, LI K, MORCK R, YEUNG B. Capital markets and capital allocation implications for economies in transition [J]. Economics of Transition, 2004, 12 (4): 593-634.

[31] DURNEV A, MORCK R, YEUNG B, ZAROWIN P. Does greater firm-specific return variation mean more or less informed stock pricing? [J]. Journal of accounting research , 2003, 41 (5): 797-836.

[32] DURNEV A, MORCK R, YEUNG B. Value enhancing capital budgeting and firm-specific stock return variation [J]. The Journal of Finance, 2004, 59 (1): 65-105.

[33] DURNEV A, S AMRITA. Does insider trading regulation deter private information trading: international evidence [J]. Pacific - Basin Finance Journal, 2007, 15 (5): 1-25.

[34] DYE R, S SRIDHAR. Resource allocation effects of price reactions to disclosures [J]. Contemporary Accounting Research, 2002, 19 (3): 385-410.

[35] EASLEY D, N KIEFER, M O'HARA. Cream-skimming or profit-sharing? The curious role of purchased order flow [J]. Journal of Finance, 1996, 51 (3): 811-833.

[36] EASTERBROOK F. Two agency cost explanations of dividend [J]. American Economic Review, 1984, 74 (4): 650-659.

[37] FAZZARI S M, HUBBARD G, PETERSEN B C, ET AL. Financing constraints and corporate investment [J]. Brookings Paperson Economic Activity, 1988 (1) : 141-206.

[38] FERNANDES N, FERREIRA M A. Insider trading laws and stock price informativeness [J]. Ssrn Electronic Journal, 2009, 22 (5): 1845-1887.

[39] FERNANDES N, M A Ferreira. Does international cross-listing improve the information environment? [J]. Journal of Financial Economics, 2008, 88 (2): 216-244.

[40] FERREIRA M A, P LAUX. Corporate governance, idiosyncratic risk and information flow [J]. Journal of Finance, 2007, 62 (2): 951-989.

[41] FISHMAN M, K HAGERTY. Insider trading and the efficiency of stock prices [J]. Rand Journal of Economics, 1992, 23 (1): 106-122.

[42] FOX M, R MORCK, B YEUNG, A DURNEV. Law, share price accuracy, and economic performance: the new evidence [J]. Michigan Law Review, 2003, 102 (3): 331-386.

[43] GOERGEN M, RENNEBOOG L. Investment policy, internal financing and ownership concentration in the UK [J]. Journal of Corporate Finance, 2001, 7 (3): 257-284.

[44] GORDON J. Dividends, earnings, and stock prices [J]. Review of Economics and Statistics, 1959, 41 (2): 99-105.

[45] GREENWOOD R. Excess comovement of stock returns: evidence from cross-sectional variation in Nikkei 225 weights [J]. Review of Financial Studies, 2008, 21 (3): 1153-1186.

[46] GRENADIER S R, WANG N. Investment timing, agency, and information [J]. Journal of Financial Economics, 2005, 75 (3): 493-533.

[47] HART O, MOORE J. An analysis of the role of hard claims in constraining management [J]. American Economic Review, 1994, 85 (3): 567-585.

[48] HAR O, MOORE J. Property rights and the nature of the firm [J]. Journal of Political Economy, 1990, 98 (6): 1119-1158.

[49] HOSHI T, SCHARFSTEIN D. Corporate structure, liquidity, and investment: evidence from Japanese industrial groups [J]. Quarterly Journal of Econom-

ics, 1991, 106 (1): 33-60.

[50] JENSEN M C, MECKLING W H. Theory of the firm: managerial behaviour, agency costs and capital structure [J]. Ssrn Electronic Journal, 1976, 3 (4): 305-360.

[51] JENSEN M C. Agency costs of free cash flow, corporate finance, and takeovers [J]. American Economic Review, 1986, 76 (2): 323-329.

[52] JIN LI, S MYERS. R-Squared around the world: new theory and new tests [J]. Journal of Financial Economics, 2006, 79 (2): 257-292.

[53] KOENKER R, BASSETT G W. Regression quantiles [J]. Econometrica, 1978, 46 (1): 33-50.

[54] LA PORTA R, SHLEIFER A. Corporate ownership around the world [J]. The Journal of Finance, 1999, 54 (2): 471-517.

[55] LAMONT O A, POLK C. Does diversification destroy value? Evidence from the industry shocks [J]. Journal of Financial Economics, 2002, 63 (1): 51-77.

[56] LANG L, OFEK E, STULZ R. Leverage, investment, and firm growth [J]. Journal of Financial Economics, 1996, 40 (1): 3-29.

[57] LI K, R MORCK, F YANG, B YEUNG. Firm-specific variation and openness in emerging markets [J]. The Review of Economics and Statistics, 2004, 86 (3): 658-669.

[58] LINS K, SERVAES H. Is corporate diversification beneficial in emerging markets? [J]. Financial Management, 2002, 31 (2): 5-31.

[59] LINTNER J. Distribution of incomes of corporations among dividens, retained earnings, and taxes [J]. American Economic Review, 1956, 46 (2): 97-105.

[60] LLORENTE G, R MICHAELY, G SAAR, J WANG. Dynamic volume-return relation of individual stocks [J]. Review of Financial Studies, 2002, 15 (4): 1005-1047.

[61] MCNICHOLS M. Evidence of informational asymmetries from management earnings forecasts and stock returns [J]. The Accounting Review, 1989, 64 (1): 1-26.

[62] MILLER M H, F MODIGLIANI. Dividend policy, growth, and the valuation of shares [J]. The Journal of Business, 1961, 34 (4): 411-433.

[63] MORCK R, YEUNG B, YU W. The information content of stock markets: why do emerging markets have synchronous stock price movements? [J]. Journal of Financial Economics, 2000, 58 (1-2): 215-260.

[64] PARRINO R, WEISBACH M S. Measuring investment distortions arising from stockholder-bondholder conflicts [J]. Journal of Financial Economics, 1999, 53 (1): 3-42.

[65] PASTOR L, VERONESI P. Stock valuation and learning about profitability [J]. Journal of Finance, 2003, 58 (5): 1749-1789.

[66] PIOTROSKI J, D ROULSTONE. The influence of analysts, institutional investors, and insiders on the incorporation of market, industry, and firm-specific information into stock prices [J]. The Accounting Review, 2004, 79 (4): 1119-1151.

[67] RAJAN R, L ZINGALES. Financial dependence and growth [J]. American Economic Review, 1998, 88 (3): 559-586.

[68] RICHARDSON S. Over-investment of free cash flow [J]. Review of Accounting Studies, 2006, 11 (2-3): 159-189.

[69] ROLL R. R2 [J]. Journal of Finance, 1988, 43 (2): 541-566.

[70] SCHARFSTEIN D S, STEIN J C. The dark side of internal capital markets: divisional rent-seeking and inefficient investment [J]. Social Science Electronic Publishing, 1997, 55 (6): 2537-2564.

[71] SHEFRIN H M, STATMAN M. Explaining investor preference for cash dividends [J]. Journal of Financial Economics, 1984, 13 (2): 253-282.

[72] SHIN H H, STULZ R M. Are internal capital markets efficient? [J]. Quarterly Journal of Economics, 1998, 113 (2): 531-552.

[73] SHIN H H, YONG H K. Agency costs and efficiency of business capital investment: evidence from quarterly capital expenditures [J]. Journal of Corporate Finance, 2001, 8 (2): 139-158.

[74] STULZ R. Managerial discretion and optimal financing policies [J]. Journal of Financial Economics, 1990, 26 (1): 3-27.

[75] SUBRAHMANYAM A, S TITMAN. The going-public decision and the development of financial markets [J]. Journal of Finance, 1999, 54 (3): 1045-1082.

[76] TOBIN J. On the efficiency of the financial system [J]. Lloyd's Banking

Review, 1982, 153 (1): 1-15.

[77] VELDKAMP L. Information markets and the comovement of asset prices [J]. Review of Economic Studies, 2006, 73 (3): 823-845.

[78] VOGT S C. The cash flow/investment relationship: evidence from U. S. manufacturing firms [J]. Financial Management, 1994, 23 (2): 3-20.

[79] WEST K. Dividend innovations and stock price volatility [J]. Econometrica, 1988, 56 (1): 37-61.

[80] WURGLER J. Financial markets and the allocation of capital [J]. Journal of Financial Economics, 2000, 58 (1): 187-214.

[81] YOUNGSUK, YOOK. Stock price informativeness, investment decisions, and firm performance: evidence from spinoffs [C]. Raleigh: University of North Carolina at Chapel Hill, 2006.

[82] 陈兵兵. 公司治理环境、所有权结构与股价信息含量——来自中国上市公司的经验证据: 1997—2008 [J]. 区域金融研究, 2013 (8): 33-37.

[83] 陈共荣, 徐巍. 大股东特征与企业投资效率关系的实证研究 [J]. 会计之友, 2011 (1): 99-104.

[84] 陈梦根, 毛小元. 股价信息含量与市场交易活跃程度 [J]. 金融研究, 2007 (3): 125-140.

[85] 冯永欢. 我国股市投机性的实证研究 [J]. 上海统计, 2002 (3): 19-21.

[86] 龚光明, 曾照存. 公司特有风险、管理者风险特质与企业投资效率: 来自中国上市公司的经验数据 [J]. 经济与管理研究, 2013 (11): 67-75.

[87] 顾乃康, 陈辉. 股票流动性、股价信息含量与企业投资决策 [J]. 管理科学, 2010 (1): 88-97.

[88] 何源, 白莹, 文翘翘. 负债融资、大股东控制与企业过度投资行为 [J]. 系统工程, 2007, 25 (3): 61-67.

[89] 侯永建. 股票市场的信息生产及其对公司投资的影响 [D]. 上海: 复旦大学, 2006.

[90] 黄新建, 黄能丽, 李晓辉. 高管特征对提升企业 R&D 投资效率的影响 [J]. 重庆大学学报 (社会科学版), 2014 (3): 61-69.

[91] 姜付秀, 伊志宏, 苏飞, 等. 管理者背景特征与企业过度投资行为 [J]. 管理世界, 2009 (1): 130-139.

[92] 靳庆鲁, 孔祥, 侯青川. 货币政策、民营企业投资效率与公司期权

价值［J］. 经济研究，2012，47（5）：96-106.

［93］李捷瑜. 中国股市投机泡沫的膨胀与破灭：机制转换模型的应用［J］. 南方经济，2008（2）：30-41.

［94］李增泉. 所有权结构与股票价格的同步性——来自中国股票市场的证据［J］. 中国会计与财务研究，2005，7（3）：57-100.

［95］连玉君，程建. 不同成长机会下资本结构与经营绩效之关系研究［J］. 当代经济科学，2006（2）：97-103.

［96］连玉君，苏治. 融资约束、不确定性与上市公司投资效率［J］. 管理评论，2009（1）：19-26.

［97］林忠国，韩立岩，李伟. 股价波动非同步性——信息还是噪音？［J］. 管理科学学报，2012（6）：68-81.

［98］柳建华，卢锐，孙亮. 公司章程中董事会对外投资权限的设置与企业投资效率——基于公司章程自治的视角［J］. 管理世界，2015（7）：130-142.

［99］罗付岩，沈中华. 股权激励、代理成本与企业投资效率［J］. 财贸研究，2013，24（2）：146-156.

［100］曲进，高升好. 银行与企业关联提升抑或降低了企业投资效率？［J］. 数量经济技术经济研究，2015，32（1）：36-51.

［101］任春艳. 从企业投资效率看盈余管理的经济后果——来自中国上市公司的经验证据［J］. 财经研究，2012（2）：61-70.

［102］宋玉，范敏虹. 机构投资者持股、未来盈余与股价信息含量——兼论证券投资基金和 QFII 的影响差异［J］. 华东经济管理，2013（1）：84-86.

［103］孙俊奇. 市场情绪、高管过度自信与股价信息含量［J］. 会计与经济研究，2015（4）：18-32.

［104］王桂花. 会计稳健性、企业投资效率与企业价值——来自中国上市公司的经验证据［J］. 山西财经大学学报，2015，37（4）：115-124.

［105］王杰. 我国股市投机性与股价波动同步性研究［D］. 济南：山东大学，2013.

［106］王茂林，何玉润，林慧婷. 管理层权力、现金股利与企业投资效率［J］. 南开管理评论，2014，17（2）：13-22.

［107］王小泳，孔东民，李尚骜. 现金分红的连续性、投资效率与公司价值——基于面板结构 VAR 模型的实证分析［J］. 中国管理科学，2014，22（3）：103-114.

[108] 肖浩，孔爱国. 增加管理层薪酬补偿能提高股价信息含量吗？[J]. 财经研究，2014，40 (3)：135-144.

[109] 肖浩，夏新平，邹斌. 信息性交易概率与股价同步性 [J]. 管理科学，2011，24 (4)：84-94.

[110] 熊家财，苏冬蔚，刘少波. 制度环境、异质机构投资者与股价信息含量 [J]. 山西财经大学学报，2014，36 (7)：48-58.

[111] 晏艳阳，宋相群. 股价信息含量、企业价值与投资效率 [J]. 福建师范大学学报（哲学社会科学版），2013 (4)：14-21.

[112] 杨继伟，刘冬荣. 股价信息含量与资本配置效率的改善 [J]. 山西财经大学学报，2011，33 (2)：84-91.

[113] 杨继伟，聂顺江. 股价信息含量与企业资本配置效率研究 [J]. 管理科学，2010，23 (6)：81-90.

[114] 杨继伟. 股价信息含量与资本投资效率——基于投资现金流敏感度的视角 [J]. 南开管理评论，2011，14 (5)：99-108.

[115] 游家兴. 市场信息效率的提高会改善资源配置效率吗？——基于R~2的研究视角 [J]. 数量经济技术经济研究，2008，25 (2)：110-121.

[116] 于阳，李怀祖. 证券投资基金规模与股价信息含量关系研究 [J]. 管理评论，2005，17 (12)：3-6.

[117] 于忠泊，田高良，曾振. 会计稳健性与股价信息含量：基于投资者保护视角的考察 [C] // 中国会计学会2011学术年会论文集，2011.

[118] 佘明桂，宁莎莎. 独立董事社会网络与企业投资效率 [J]. 华东经济管理，2016，30 (2)：136-140.

[119] 喻坤，李治国，张晓蓉，等. 企业投资效率之谜：融资约束假说与货币政策冲击 [J]. 经济研究，2014，49 (5)：106-120.

[120] 袁知柱，鞠晓峰. 基于面板数据模型的股价波动非同步性方法测度股价信息含量的有效性检验 [J]. 中国软科学，2009 (3)：174-185.

[121] 袁知柱，鞠晓峰. 制度环境、公司治理与股价信息含量 [J]. 管理科学，2009，22 (1)：17-29.

[122] 袁知柱，鞠晓峰. 中国上市公司会计信息质量与股价信息含量关系实证检验 [J]. 中国管理科学，2008，16 (S1)：231-234.

[123] 袁知柱，王家强，李军强. 会计信息透明度对企业投资效率的影响 [J]. 东北大学学报（自然科学版），2012，33 (9)：1357-1360.

[124] 袁知柱，吴粒，鞠晓峰. 股价信息含量对企业资源配置效率影响实

证研究［J］. 东北大学学报（自然科学版），2012，33（11）：1664-1668.

［125］翟胜宝，易旱琴，郑洁，等. 银企关系与企业投资效率——基于我国民营上市公司的经验证据［J］. 会计研究，2014（4）：74-80.

［126］张博. 所有权结构、产品市场竞争与股价信息含量［J］. 金融理论与实践，2011（5）：83-88.

［127］张梅. 会计背景独董提高了股价信息含量吗？［J］. 东南学术，2015（3）：116-124.

［128］张跃文. 我国上市公司现金分红决策研究［J］. 证券市场导报，2012（9）：27-32.

［129］赵祥功. 中国股票市场投机问题研究［D］. 杭州：浙江大学，2002.

［130］郑立东，程小可，姚立杰. 独立董事背景特征与企业投资效率——"帮助之手"抑或"抑制之手"？［J］. 经济与管理研究，2013（8）：5-14.

［131］周泽将，刘中燕. 独立董事本地任职提升了企业投资效率吗——基于中国资本市场 A 股上市公司 2007—2013 年的经验证据［J］. 山西财经大学学报，2016，38（6）：64-74.

［132］朱红军，何贤杰，陶林. 中国的证券分析师能够提高资本市场的效率吗——基于股价同步性和股价信息含量的经验证据［J］. 金融研究，2007（2）：110-121.

［133］朱松，夏冬林. 稳健会计政策、投资机会与企业投资效率［J］. 财经研究，2010，36（6）：69-79.